Kauderwelsch
Band 195

Mittelalterliche Gebäude in Vannes

Impressum

Michael Pöschl
Bretonisch – Wort für Wort
erschienen im
Reise Know-How Verlag Peter Rump GmbH
Osnabrücker Str. 79, D-33649 Bielefeld
info@reise-know-how.de

2., neu bearbeitete und verbesserte Auflage 2018

Bearbeitung & Layout Claudia Schmidt, www.lektoratsservice.de
Layout-Konzept Günter Pawlak, FaktorZwo! Bielefeld
Umschlag Peter Rump (Titelfoto: Wilfried Krusekopf)
Kartographie Iain Macneish
Fotos Michael Pöschl (MP), Wilfried Krusekopf (WK), Fotografen@Fotolia.com (Nachweis am jeweiligen Foto)
Gesamtherstellung Himmer GmbH Druckerei & Verlag, Augsburg

ISBN 978-3-8317-6527-0
Printed in Germany

Wer im Buchhandel kein Glück hat, bekommt unsere Bücher auch direkt über unseren Internet-Shop:

www.reise-know-how.de

Die Internetseiten mit Aussprachebeispielen und der Zugriff auf diese über QR-Codes sind eine freiwillige, kostenlose Zusatzleistung des Verlages. Der Verlag behält sich vor, die Bereitstellung des Angebotes und die Möglichkeit der Nutzung zeitlich und inhaltlich zu beschränken. Der Verlag übernimmt keine Garantie für das Funktionieren der Seiten und keine Haftung für Schäden, die aus dem Gebrauch der Seiten resultieren. Es besteht ferner kein Anspruch auf eine unbefristete Bereitstellung der Seiten.

Der Verlag möchte die **Reihe Kauderwelsch** weiter ausbauen und **sucht Autoren!** Mehr Informationen finden Sie unter ***www.reise-know-how.de/rkh_mitarbeit.php***

Kauderwelsch

Michael Pöschl

Bretonisch

Wort für Wort

Für Norgard und meine Eltern

Das Kauderwelsch-Prinzip

Kauderwelsch heißt:

- Schnell mit dem **Sprechen** beginnen, auch wenn nicht immer alles korrekt ist.
- Von der **Grammatik** wird nur das Wichtigste in einfachen Worten erklärt.
- Alle Beispielsätze werden doppelt ins Deutsche übertragen: erst **Wort-für-Wort,** dann in normales Deutsch. Die Wort-für-Wort-Übersetzung hilft, die neue Sprache schneller zu durchschauen, außerdem lassen sich dadurch leichter einzelne Wörter im fremdsprachigen Satz austauschen.
- Es geht um die **Alltagssprache,** also das, was man tatsächlich auf der Straße hört.
- Die **Autoren** sind entweder Reisende, die die Sprache im Land selbst gelernt haben oder Muttersprachler.

Kauderwelsch-Sprachführer sind keine Lehrbücher, aber viel mehr als traditionelle Reisesprachführer. Wer ein wenig Zeit investiert, einige Vokabeln lernt und die Sprache im Land anwendet, wird **Türen öffnen,** ein Lächeln ins Gesicht zaubern und reichere Erfahrungen machen.

Talk to each other!

Inhalt

Anhang

Im Hafen von Roscoff, Bretagne

Vorwort

Die Bretagne ist in vielerlei Hinsicht ein besonderes Stück Frankreich. So zeugen nicht nur Sitten und Gebräuche, Musik und Legenden davon, dass diese Region, die bis ins 16. Jahrhundert unabhängig war, viele kulturelle Eigenheiten bewahrt hat. Gerade im Norden und Westen Ihrer Urlaubsregion, in den Departments Côtes d'Armor und Finistère, werden Sie zudem auf Spuren einer Sprache treffen, die von vielen Besuchern fälschlicherweise für einen schwer verständlichen französischen Dialekt gehalten wird. Mit dem Französischen allerdings hat das Bretonische wenig zu tun, mit dem Gallischen schon etwas mehr. So sind die Bretonen zwar keine direkten Nachfahren der Gallier, sondern Briten, die erst in der Bretagne ansässig wurden, als das Gallische bereits ausgestorben war. In der Tat aber ist Bretonisch heute die einzige keltische Sprache, die noch auf dem europäischen Festland gesprochen wird.

Natürlich können Sie sich wie überall in Frankreich auch in der Bretagne auf Französisch verständigen und in offiziellen Situationen gibt es dafür auch keine Alternative. Der Sprechführer *Bretonisch* möchte Ihnen jedoch ein Stück dieser anderen, weniger erschlossenen Bretagne eröffnen und Ihr Interesse für eine besondere Sprache wecken, die vor allem in den ländlichen Gegenden noch sehr lebendig ist. Wagen Sie also ruhig einmal einen Ausflug in die kleinen Dörfer abseits der Touristenpfade und spitzen Sie die Ohren. Mit ein wenig Glück lassen die Bretonen Sie an ihrer Sprache teilhaben.

Beaj vat deoc'h ha kalz a blijadur e Breizh!

(Ihnen eine gute Reise und viel Spaß in der Bretagne!)

Hinweise zur Benutzung

Der Kauderwelsch-Band *Bretonisch* ist in die Abschnitte *Grammatik, Konversation* und *Wörterliste* gegliedert.

Die **Grammatik** beschränkt sich auf das Wesentliche und ist so einfach gehalten wie möglich. Deshalb sind auch nicht sämtliche Ausnahmen und Unregelmäßigkeiten der Sprache erklärt. In der **Konversation** finden Sie Sätze aus dem Alltagsgespräch, die Ihnen einen ersten Eindruck davon vermitteln, wie Bretonisch „funktioniert", und die Sie auf das vorbereiten sollen, was Sie später in der Bretagne hören werden. Und damit Sie nicht erst viele Ausspracheregeln lernen müssen, hilft Ihnen die **Lautschrift** in der zweiten Zeile, alles sofort richtig auszusprechen. – Jede Sprache hat ein typisches Satzbaumuster. Um die sich vom Deutschen unterscheidende Wortfolge der bretonischen Sätze zu verstehen, ist die **Wort-für-Wort-Übersetzung** in kursiver Schrift (dritte Zeile) gedacht. Wird *ein* bretonisches Wort im Deutschen durch *zwei* Wörter übersetzt, werden diese in der Wort-für-Wort-Übersetzung mit einem Bindestrich verbunden:

Zur Lautschrift: In Klammern gesetzte Wörter oder Laute müssen nicht unbedingt gesprochen werden. Hieraus ergeben sich zwei Aussprachevarianten: eine deutlichere (mit den betreffenden Lauten) und eine umgangssprachlichere, die Sie nicht unbedingt selbst verwenden müssen, aber viel öfter hören werden. Der Apostroph kennzeichnet jeweils die betonte Silbe.

Digarezit ac'hanon!
diga'reesid (a'ch)ânôn
entschuldigt! von-mir
Entschuldigen Sie!

Mann ebet.
mân (e')beet
null kein
Keine Ursache.

Emaon o klask ar privezioù.
(e')mâwn o klaßk ar pri'veshu
bin[SIT] *am Suchen die Toiletten*
Ich suche die Toilette.

Mit Hilfe der Wort-für-Wort-Übersetzung können Sie bald eigene Sätze bilden. Sie können die Beispielsätze als Fundus von Satzschablonen und -mustern benutzen, die Sie Ihren eigenen Bedürfnissen anpassen.

Die **Umschlagklappen** halten die wichtigsten Sätze und Floskeln stets parat, um die gewünschte Satzkonstruktion mit dem entsprechenden Vokabular zu kombinieren. Das Kapitel *Nichts verstanden? – Weiterlernen!* befindet sich griffbereit im Umschlag, um bei Verständigungsschwierigkeiten zu helfen.

Die Wörterlisten am Ende des Buches enthalten einen Grundwortschatz von je ca. 1000 Wörtern Deutsch – Bretonisch und Bretonisch – Deutsch, mit dem man bereits eine Menge anfangen kann.

Abkürzungen im Text und in der Wort-für-Wort-Übersetzung

m / w	männlich / weiblich
Ez / Mz	Singular (Einzahl) / Plural (Mehrzahl)
Zz / Koll	Dual (Zweizahl) / Kollektiv (Sammelzahl)
SIT	situative Verbform
L	Lenition (weiche Mitlautänderung)
P	Provektion (harte Mitlautänderung)
A	Aspiration (gehauchte Mitlautänderung)
M	gemischte Mitlautänderung
FP	Fragepartikel *(nicht übersetzbar)*
NP	Verneinungspartikel *(nicht übersetzbar)*
VP	Verbpartikel *(nicht übersetzbar)*
!	Befehlsform des Verbs
(-)	Teil einer Phrase *(nicht übersetzbar)*
'	markiert Betonung außerhalb der Regel
*****	Variante eines Wortes vor Selbstlauten

Über Land & Sprache

Um das Bretonische im öffentlichen Leben wieder zu etablieren, sind gerade in den letzten Jahrzehnten von privaten Initiativen eine Reihe von Einrichtungen ins Leben gerufen worden. Diese haben sich zum Ziel gesetzt, die bretonische Sprache nicht nur im traditionell bretonischsprachigen Westen am Leben zu erhalten, sondern ihren Gebrauch auch in privaten und öffentlichen Einrichtungen der Hochbretagne zu fördern.

Anders als die Sprachen der britischen Inseln genießt das Keltische in Frankreich nicht einmal den Status einer Minderheitensprache, so dass seine Sprecher schwer um den Fortbestand der Sprache kämpfen müssen. Schuld daran ist die französische Sprachpolitik, die nicht zuletzt seit der Revolution von 1789 neben dem Französischen als Sprache der „einen und untreilbaren Republik" keine anderen Idiome duldet. Denn nach wie vor wird in Frankreich nicht nur Französisch gesprochen, sondern auch eine ganze Reihe von Regional- und Minderheitensprachen: neben Bretonisch im Westen z. B. auch Okzitanisch im Süden, Baskisch im Südwesten oder Elsässisch im Osten.

Bretonisch gehört wie Irisch, Schottisch-Gälisch und Walisisch dem keltischen Zweig der indogermanischen Sprachfamilie an. Innerhalb dieser bildet es mit dem Walisischen und dem heute ausgestorbenen Kornisch die britannischen Sprachen. So darf es nicht verwundern, dass die ersten Bretonen ebenfalls Briten waren, die zwischen dem 5. und 7. Jh., wohl unter dem Druck der Angelsachsen, (Groß-)Britannien verließen und über den Ärmelkanal in die (kleine) Bretagne kamen. Dort konnte sich die Sprache nahezu ungehindert ausbreiten und hatte bis zum 10. Jh. fast die gesamte bretonische Halbinsel für sich erobert.

Heute wird Bretonisch weitgehend nur noch in der Niederbretagne (Breizh-Izel), westlich einer Linie von St.-Brieuc bis Vannes gesprochen. Es teilt sich dort in vier Hauptdialekte auf: Leoneg (im Nordwesten), Kerneg (im Westen), Tregerieg (im Norden) und Gwenedeg (im Süden). Der Osten, die Hochbretagne (Breizh-Uhel), ist seit dem Mittelalter französisch-

Karte des bretonischen Sprachgebiets

sprachig. Ihr traditioneller Dialekt ist das *Gallo*, dessen Name auf die Bezeichnung der Bretonen für die Sprache ihrer romanischen Nachbarn zurückgeht.

Gerade der Dialekt von Vannes (Gwened) unterscheidet sich so stark von den drei übrigen, dass er gelegentlich sogar als eigene Sprache betrachtet wird. Aus diesem Grund wird für die Beschreibung des Bretonischen üblicherweise eine Trennung in KLT (= Kerneveg, Leoneg und Tregerieg) und Gwenedeg vorgenommen. Unter den Dialekten des KLT genießt das Leoneg das höchste Prestige, weshalb sich auch der Anfang des 20. Jh. neu geschaffene Standard in Wortschatz, Grammatik und Aussprache hauptsächlich an diesem Dialekt orientiert.

Was die Rechtschreibung betrifft, ist man heute aber eher um Ausgleich bemüht und verwendet eine Schreibkonvention, die einen geschriebenen Text für Sprecher aller vier Dialekte lesbar macht. Kenn-

Viele Bereiche des öffentlichen Lebens, z. B. Post, Bank-, Verkehrs- und Gesundheitswesen sowie Behörden, sind der Amtssprache Französisch vorbehalten.

Das Peurunvan, das in einer überarbeiteten Fassung heute fast liebevoll als Zedacheg (frz. „Breton zh") bezeichnet wird, stand auch Pate für den Autoaufkleber BZH, einer Abkürzung für Breizh (Bretagne), der als Symbol für das wachsende bretonische Selbstbewusstsein heute nicht nur in diesem Teil Frankreichs zahlreiche Fahrzeuge schmückt.

zeichen dieses Peurunvan (frz. *orthographe unifiée*, 1941) ist die Schreibweise zh für einen Laut, der im KLT als stimmhaftes „s", im Gwenedeg als „ch" (Ach-Laut) gesprochen wird. Diese Schreibkonvention, die auch dem vorliegenden Sprechführer zugrunde liegt, wird mittlerweile überall in der Bretagne gelehrt und dementsprechend auch von einer regen Literaturszene und dem Großteil der bretonischsprachigen Monatszeitschriften verwendet. Nur im Nordwesten der Bretagne ist mit dem so genannten Skolveurieg (frz. *orthographe universitaire*, 1955) bisweilen noch eine zweite Schreibkonvention gebräuchlich, die auf der alten Literatursprache des Léon basiert, heute aber mehr und mehr durch das Peurunvan verdrängt wird.

Während die meisten Städte bereits seit dem Mittelalter französischsprachig sind, konnte sich die bretonische Sprache in ländlichen Gebieten weitgehend behaupten. Erst in der ersten Hälfte des 20. Jh. verlor sie auch dort an Boden. Laut einer Umfrage des *Institut TMO-Régions* von 1997 können derzeit 370.000 Menschen, d. h. 31 % der Gesamtbevölkerung der Niederbretagne, Bretonisch verstehen, und 240.000, d. h. 20 %, sind auch in der Lage, es aktiv zu benutzen. Wurden Schulkinder noch bis 1951 bestraft, wenn sie im Unterricht Bretonisch sprachen, bieten Schulen und Universitäten heute immer mehr Sprachkurse auf freiwilliger Basis an. In den privaten Diwan-Schulen ist Bretonisch sogar von Beginn an Unterrichtssprache. Und auch in den Massenmedien ist die Sprache heute vermehrt zu finden, so etwa bei den Regionalsendern Radio Kreizh Breizh, Radio Bro Gwened, Radio Kerne und Arvorig FM (alle auch im Internet: www.antourtan.org). Ein zweisprachiger Fernsehsender (TV Breizh) ist seit 2000 zumindest über Kabel und Satellit zu empfangen.

Aussprache & Betonung

Das bretonische Alphabet verwendet lateinische Buchstaben und umfasst insgesamt 25 Zeichen. Einige unserer Buchstabenzeichen wie q und x gibt es im Bretonischen nicht, c kommt nur als Teil von c'h und ch vor.

Einige Buchstaben können mit so genannten diakritischen Zeichen versehen werden (ê, ü und ù); ihr Lautwert ändert sich dadurch jedoch nicht.

a b ch c'h d e f g h i j k l m n o p r s t u v w y z

Gerade die letzten Buchstaben des Alphabets sollten Sie sich gut einprägen, da diese anders ausgesprochen werden als im Deutschen.

Mitlaute (Konsonanten) & Mitlautkombinationen

Wie im Deutschen bildet das Bretonische Mitlautpaare, die aus einer stimmlosen und stimmhaften Variante bestehen. In der zweiten Spalte der Tabelle stehen die dafür verwendeten Lautschriftzeichen.

stimmlos („hart")			**stimmhaft („weich")**		
p	p	wie „p" in „**P**anne" **pesk** peßk *(Fisch)*	**b**	b	wie „b" in „**B**äcker" **bara** baara *(Brot)*
t	t	wie „t" in „**T**isch" **taol** tòòl *(Tisch)*	**d**	d	wie „d" in „**D**ach" **daou** dòw *(zwei)*
k	k	wie „k" in „**K**uh" **kafe** kafe *(Kaffee)*	**g**	g	wie „g" in „**g**ern" **gouzout** guusut *(wissen)*
f	f	wie „f" in „**F**enster" **fall** fal *(schlecht)*	**v**	v	wie „v" in „**V**ase" **vil** viil *(hässlich)*
c'h	~~ch~~	wie „ch" in „Ba**ch**" **c'hwec'h** ~~ch~~wää~~ch~~ *(sechs)*	**c'h**	ch	„r" in „Spo**r**t" (rhein.) **sec'hed** ßäächät *(Durst)*
s, sh	ß	wie „ß" in „wei**ß**" **sac'h** ßa~~ch~~ *(Sack)*	**z, zh**	s	wie „s" in „wei**s**e" **zo** soo *(ist)*
ch	sch	wie „sch" in „**Sch**uh" **chistr** schißt(r) *(Cidre)*	**j**	sh	wie „j" in „**J**ournalist" **just** shüßt *(genau, richtig)*

Aussprache & Betonung

Für das Bretonische ist die Unterscheidung zwischen der stimmlosen und der stimmhaften Variante besonders wichtig, da die Mitlaute eines solchen Paares am Wortende unter bestimmten Umständen gegeneinander ausgetauscht werden können (s. „Bindung & Auslautverhärtung“).

Ein stimmhaftes „ch“ (ch) wird im Bretonischen nicht als weiches „ch“ (wie in „i**ch**“) gesprochen, sondern klingt eher so wie das „r“ in „Spo**r**t“ im Rheinland. Das bretonische „r“ hingegen ist ein „Zäpfchen-r“:

r	r	„r“ in frz. „**r**ouge“ **ruz** rüü(ß) *(rot)*

Die übrigen Mitlaute gibt es jeweils nur einfach:

l	l	wie „l“ in „**l**achen“ **labour** laabur *(Arbeit)*
h	h	wie „h“ in „**h**ier“ **hir** hiir *(lang)* am Wortanfang wird „h“ allerdings oft nicht gesprochen **he** e *(ihr)*
lh	lj	etwa wie „li“ in „Fami**li**e“ (das „l“ wird nur leicht angedeutet) **dilhad** diljat *(Kleidung)*

Eine besondere Rolle spielen auch die nasalen Mitlaute, da sie unter Umständen bewirken, dass ein vorausgehender Selbstlaut wie im Französischen „nasal“ gesprochen wird (in der Lautschrift wird dies jeweils durch ein Dach über dem Selbstlautzeichen angezeigt, s. „Selbstlaute“).

m	m	wie „m“ in „**m**ein“ **mat** maat *(gut)*
n	n	wie „n“ in „**n**ein“ **nann** nân *(nein)*
	ng	vor k und g wie „ng“ in „si**ng**en“ **yaouank** jòwângk *(jung)*
gn	nj	wie „gn“ in „Champa**gn**er“ **kouign** kwînj *(Kuchen)*

Einige Mitlaute werden fast wie kurze Selbstlaute gesprochen. Steht w am Wortende, erscheint er im Bretonischen oft als v: marv marw *(tot)*. Falls Sie Probleme mit den Halblauten w und u haben, sprechen Sie stattdessen einfach ein kurzes „u" bzw. „ü".

w	w	wie „w" in engl. „**w**ater" **war** waar *(auf)*
u	ü̶	vor „i" wie „u" in frz. „n**u**it **skuizh** ßkü̶iiß *(müde)*
y	j	wie „j" in „**J**a" **ya** jaa *(ja)*

Obwohl die bretonische Schrift stark an der tatsächlichen Lautung orientiert ist, muss nicht jeder geschriebene Buchstabe auch gesprochen werden; v. a. Mitlautverbindungen wie mp, nt oder tr werden oft so vereinfacht, dass jeweils nur der erste Laut zu hören ist: omp ôm(p) *(wir sind)*, int în(t) *(sie sind)*.

Selbstlaute (Vokale)

a	a	wie „a" in „L**a**st" **fal** fal *(schlecht)*
e	e	wie „e" in „**E**tage" **estren** eßträn *(ausländisch)*
	ä	wie „e" in „K**e**tte" oder „ä" in „K**ä**lte" **gwenn** gwän *(weiß)*
i	i	wie „i" in „m**i**t" **istr** ißt(r) *(Austern)*
o	o	wie „o" in „Pr**o**dukt" **ostaleri** oßta'leeri *(Gasthaus)*
	ò	wie „o" in „K**o**ffer" **porzh** pòrß *(Hafen, Hof)*
u	ü	ungefähr wie „ü" in „d**ü**nn" **trugarez** trü'gaare(ß) *(danke)*

Selbstlaute können lang oder kurz sein. Lange Selbstlaute werden in der Lautschrift stets doppelt dargestellt:
kaol kòòl *(Kohl)*,
aber koll kòl *(Verlust)*.

doppelte Selbstlaute

ae	ää	wie „ä" in „B**ä**r" **aes** ääß *(leicht)*
ao	ò	wie „o" in „K**o**ffer" **aotrou** òtru *(Herr)*
aou	òw	ungefähr wie „ow" in engl. „l**ow**" **daou** dòw *(zwei)*
eo	ä	wie „ä" in „K**ä**lte" **eo** ä(w) *(ist)*
eu	ø	geschlossen, wie „ö" in „**Ö**kologie" **eus** øß *(von, aus)*
	ö	offen, wie „ö" in „L**ö**ffel" **meurzh** mörß *(Dienstag)*
ou	u	wie „u" in „B**u**tter" **dous** duß *(süß)*
	w	vor einem weiteren Selbstlaut jedoch oft wie „w" in engl. „**w**ater" **kouign** kwînj *(Kuchen)*

nasale Selbstlaute (Nasalvokale)

Ob ein Selbstlaut nasal gesprochen wird, geht aus seiner Schreibung leider nicht eindeutig hervor. Als Faustregel kann gelten, dass ein Selbstlaut vor einfachen Nasalzeichen (den Buchstaben m, n, ng, nk *oder* gn*) immer, vor einem doppelten (*mm *oder* nn*) aber in der Regel nicht nasaliert wird.*

Durch den französischen Einfluss besitzt das Bretonische als einzige keltische Sprache auch nasale Selbstlaute, die ebenfalls lang oder kurz sein können: kan kâân *(Gesang)*, aber kann kân *(Schlacht)*.

a	â	wie „an" in „Arr**an**gement" **bremañ** brêmâ *(jetzt)*
e	ê	wie „e" in „**E**tage", aber nasaliert **en** ên *(in)*, **eñ** ê *(er)*
i	î	wie „i" in „m**i**t", aber nasaliert **reiñ** räî *(geben)*
o	ô	wie „on" in „B**on**b**on**" **komz** kômß *(sprechen)*
u	û	wie „ü" in „d**ü**nn", aber nasaliert **pluñv** plûw *(Feder)*

Anders als im Französischen wird der Mitlaut, der die Nasalierung verursacht (m, n, ng oder ñ), normalerweise ebenfalls gesprochen. Ist dies nicht der Fall, befindet sich über dem betreffenden Mitlautzeichen eine so genannte Tilde (˜): bezañ be(s)â *(sein)*.

Tipp zum Üben: Sprechen Sie den einfachen Selbstlaut und legen Sie dabei langsam ihren Kopf in den Nacken. Der Luftstrom kann dadurch nur durch die Nase entweichen, und es entsteht ganz automatisch der entsprechende Nasal (eine ähnliche Wirkung hat es übrigens, wenn Sie unmittelbar nach dem Selbstlaut zu einem „ng" ansetzen). Und falls es gar nicht klappen sollte, tut es zur Not auch der entsprechende (nicht nasalierte) Selbstlaut.

Betonung

Mehrsilbige Wörter werden im Bretonischen auf der vorletzten Silbe betont. Ausnahmen sind eher selten und werden in der Lautschrift durch einen Apostroph (') vor der Silbe markiert, die stattdessen den Akzent trägt: amann â'mân *(Butter)*. Tritt eine Endung an das Wort, wandert der Akzent um eine Silbe nach hinten: pevar päävar *(vier)*, aber pevarzek pä'varsek *(vierzehn)*. Ein betonter Selbstlaut kann dabei lang oder kurz sein, ein unbetonter Selbstlaut ist immer kurz. Geht der betonten Silbe ein unbetontes a oder e voraus, können diese Laute bei schneller Aussprache sogar verschwinden. In der Lautschrift wird dies durch runde Klammern angedeutet: emañ (e')mââ *(er/sie/es befindet sich)*. Ein s oder ß in Klammern wird nur im Leoneg gesprochen: trugarez trü'gaare(ß) *(danke)*.

Groß- & Kleinschreibung

Im Bretonischen werden alle Wörter am Satzanfang groß-, im Satzinneren kleingeschrieben. Lediglich Eigennamen werden immer großgeschrieben.

Bindung & Auslautverhärtung

Bretonisch ist eine bindende Sprache. Dies bedeutet, dass Wörter, die inhaltlich zusammen gehören, nicht durch eine Pause getrennt, sondern vielmehr am Stück gesprochen werden, so dass sie ungeübten Hörern oft wie ein einziges vorkommen. Diese Bindung ist auch dafür verantwortlich, dass die stimmlosen Mitlaute p, t, k, ß, ch und sch am Ende eines Wortes stimmhaft gesprochen werden, sobald das darauf folgende Wort mit einem stimmhaften Mitlaut oder einem Selbstlaut beginnt: p > b, t > d, k > g, ~~ch~~ > ch, ß > s, sch > sh.

gwelet a ran gwääläd a rân ich sehe

Die Auslautverhärtung kennen Sie auch vom Deutschen. Schließlich schreiben wir auch „Hand" und „Dieb", sprechen aber „Hant" und „Diep".

Umgekehrt werden die stimmhaften Mitlaute b, d, g, s und sh im Auslaut stimmlos, wenn sie vor einem stimmlosen Mitlaut, am Ende einer Äußerung oder vor einer hörbaren Pause stehen: b > p, d > t, g > k, s > ß, sh > sch.

mab maap Sohn

Mitlautänderung (Mutation)

Auch im Anlaut, d. h. am Wortanfang, können bestimmte Wörter bewirken, dass ein Mitlaut seine Gestalt ändert. Solche Mitlautänderungen (oder *Mutationen*) sind typisch für keltische Sprachen. Im Bretonischen lassen sich mit weicher, harter und gehauchter Mitlautänderung insgesamt drei Muster unterscheiden, von denen jedoch lediglich die Mitlaute p, t, k, b, d, g, gw und m betroffen sind.

Weiche Mitlautänderung (Lenition)

Am geläufigsten ist die weiche Mitlautänderung oder *Lenition* (abgekürzt „L"). Diese tritt systematisch nach den Verhältniswörtern a *(von)* und da *(nach)*, den besitzanzeigenden Fürwörtern da *(dein)* und e *(sein)*, der Verbpartikel a, der Verneinungspartikel ne, dem Zahlwort daou / div *(zwei)* und dem Umstandswort re *(zu)* ein:

	p	**t**	**k**	
wird zu	**b**	**d**	**g**	
	b, m	**d**	**g**	**gw**
wird zu	**v**	**z** (s)	**c'h** (ch)	**w**

karr kaar *(Auto)*	→	**e garr** e gaar *(sein Auto)*
tomm tòm *(heiß)*	→	**re domm** re dòm *(zu heiß)*

Je nach grammatischem Geschlecht werden nach den Artikeln an, un *und ihren Varianten auch bestimmte Hauptwörter leniert (s. Kap. „Hauptwörter").*

Harte Mitlautänderung (Provektion)

Ihr Gegenstück, die harte Mitlautänderung oder *Provektion* (abgekürzt „P"), ist dagegen eher selten und kommt im Wesentlichen nur nach dem besitzanzeigenden Fürwort ho *(euer)* und den zusammengezogenen Formen ez *(in deinem/-er)* und da'z *(zu deinem/-er)* vor.

	b	**d**	**g**	**gw**
wird zu	**p**	**t**	**k**	**kw**

breur brøør *(Bruder)*	→	**ho preur** o prøør *(euer Bruder)*
gwele gweele *(Bett)*	→	**ez kwele** eß kweele *(in seinem Bett)*

Gehauchte Mitlautänderung (Aspiration)

Die gehauchte Mitlautänderung oder *Aspiration* (abgekürzt „A") wird hauptsächlich durch die besitzanzeigenden Fürwörter ma *(mein)*, he *(ihr, Ez)*, hon *(unser)* und o *(ihr, Mz)* sowie durch die Zahlwörter tri / teir *(drei)*, pevar / peder *(vier)* und nav *(neun)* ausgelöst:

Mitlautänderung (Mutation)

Welche Mitlautänderung ein Wort auslöst, wird in der Wort-für-Wort-Übersetzung durch ein hochgestelltes Mutationszeichen angezeigt. Das Wort, das die Mutation auslöst, erhält dabei einen großen, das von der Mutation betroffene Wort einen kleinen Buchstaben.

	p	t	k
wird zu	**f**	**z** (s)	**c'h** (ch)

penn pän *(Kopf)*	→	**ma fenn** ma fän *(mein Kopf)*
ti tii *(Haus)*	→	**pevar zi** pä'varzi *(vier Häuser)*

Gemischte Mitlautänderung

Die Verbpartikeln o und e schließlich wirken sich je nach Mitlaut unterschiedlich aus: Beginnt das nachfolgende Verb mit b, m, g oder gw, werden diese Mitlaute wie bei der weichen Mitlautänderung leniert. Ein d hingegen wird wie bei der harten Mitlautänderung zu t, weswegen dieses Muster auch als gemischt (abgekürzt „M") bezeichnet wird:

	b, m	d	g	gw
wird zu	**v**	**t**	**c'h** (ch)	**w**

	mont	→	**Ni zo o vont d'ar sinema.**
	môn(t)		ni so (o) von(d) dar ßî'nêma
	gehen		Wir gehen ins Kino.
	gortoz	→	**Emañ o c'hortoz.**
	gòrtòß		(e')mâwn o chòrtòß
	warten		Er wartet.
aber:	**debriñ**	→	**Krampouezh e tebr da lein.**
	deebrî		krâmpwäs (e) teeb(r) da läjn
	essen		Er isst Pfannkuchen zum Frühstück.

Wörter, die weiterhelfen

Bevor es richtig losgeht, hier ein paar nützliche Wendungen, für die Sie noch keine Grammatikkenntnisse brauchen.

Entschuldigung!

Digarezit ac'hanon!
diga'reesid (a'ch)ânôn
entschuldigt! von-mir
Entschuldigen Sie!

Mann ebet.
mân (e')beet
null kein
Keine Ursache. / Gern geschehen.

Bitte!

Mar plij. *(auffordern)*
mar pliisch
wenn beliebt
Bitte.

Dal. / Dalit. *(anbieten)*
daal / daalit
nimm! / nehmt!
Bitte schön. *(Du-/Sie-Form)*

Danke!

Trugarez.
trü'gaare(ß)
Dank
Danke.

Mersi bras.
märßi braaß
Dank groß
Vielen Dank.

Gibt es ... ? (... zo?)

Un ostaleri zo?
øn oßta'leeri soo
eine Kneipe ist
Gibt es eine Kneipe?

Ya.
jaa
ja
Ja.

N'eus ket.
nøß keet
NP'ist nicht
Nein.

In die nebenstehenden Wendungen können Sie für die in matterem Farbton gesetzten Begriffe problemlos andere Hauptwörter aus dem Text oder dem Wörterverzeichnis einsetzen.

Wörter, die weiterhelfen

Wo ist / gibt es ... ? (Pelec'h emañ / ez eus ... ?)

Pelec'h emañ an ti-post?
p(e')läach (e')mââ (â)n ti'pòßt
wo ist[SIT] der Haus-Post
Wo ist das Postamt?

Pelec'h ez eus timbroù?
p(e')läach (e')søß tîmbru
wo ist Briefmarken
Wo gibt es Briefmarken?

Ich suche ... (Emaon o klask ...)

Emaon o klask ar privezioù.
(e')mâwn o klaßk ar pri'veshu
bin[SIT] am Suchen die Toiletten
Ich suche die Toilette.

Haben Sie ... ? (... ho peus?)

Kouign amann ho peus?
kwîînj â'mân (o) pøß
Kuchen Butter euer ist
Haben Sie „Kouign Amann"?

Ich hätte gerne ... (... am bo.)

Ur banne chistr am bo.
ør bâne schißt(r) (a')moo
ein Schluck Cidre VP-mein wird-sein
Ich hätte gern einen Cidre.

Wie viel kostet ... ? (Pegement eo ... ?)

Pegement eo ur pintad bier?
pe'gêmän(d) ä(w) ør pîntad biiär
wie-viel ist ein Pint-voll Bier
Wie viel kostet ein Pint Bier?

Tri euro eo.
'triiøro ä(w)
drei Euro ist
Das kostet drei Euro.

Hauptwörter

Anders als im Deutschen werden Hauptwörter (Substantive) im Bretonischen nicht gebeugt. In der Regel genügt die Wortstellung, um auszudrücken, in welcher Beziehung ein Wort zu einem anderen steht. Die einzigen Endungen, die das Bretonische benutzt, sind daher keine Kasusendungen (Endungen, die einen Fall zum Ausdruck bringen), sondern größtenteils solche, die zur Bildung der Mehrzahl oder für Verkleinerungsformen verwendet werden.

Grammatisches Geschlecht

Hauptwörter sind im Bretonischen entweder männlich *(m)* oder weiblich *(w)*. Ein sächliches Geschlecht (Neutrum) gibt es nicht. Bei Personen und Lebewesen stimmt das grammatische Geschlecht meist mit dem natürlichen überein: tad *(Vater)*, paotr *(Junge)* und kilhog *(Hahn)* sind männlich, mamm *(Mutter)*, plac'h *(Mädchen)* und yar *(Huhn)* hingegen weiblich.

Bei Gegenständen und abstrakten Begriffen ist das grammatische Geschlecht nicht ohne weiteres abzulesen, weshalb es in den Wörterlisten stets angegeben ist.

Mehrzahl (Plural)

Die Bildung der Mehrzahl ist im Bretonischen sehr uneinheitlich. In den meisten Fällen erhält das betreffende Hauptwort einfach eine zusätzliche Endung. Die gängigsten Endungen sind -(i)où und -ed. Viele Hauptwörter enden in der Mehrzahl aber auch auf -i, -e, -ez, -ien, -iel, -ier oder -ent. Bei den häufiger gebrauchten Endungen hilft ein kleiner „Trick“, um aus dem Wirrwarr aller Formen die richtige herauszufinden: Bezeichnet das betreffende Hauptwort einen konkreten oder auch abstrakten Gegenstand, endet es in der Mehrzahl meist auf -où (oder -ioù).

kador *(w)* kaadòr *(Stuhl)*	**kadorioù** ka'dorju *(Stühle)*
skol *(w)* ßkool *(Schule)*	**skolioù** ßkolju *(Schulen)*
tra *(m)* traa *(Sache, Ding)*	**traoù** trau *(Sachen, Dinge)*

Ansonsten wird die Endung -où nur für einige (häufig gebrauchte) Personenbezeichnungen benutzt:

mamm *(w)* mâm *(Mutter)*	**mammoù** mâmu *(Mütter)*
tad *(m)* taat *(Vater)*	**tadoù** taadu *(Väter)*

Die Mehrheit aller Hauptwörter, die Personen, Tiere und sonstige Lebewesen bezeichnen, endet in der Mehrzahl auf -ed:

paotr *(m)* pòòt(r) *(Junge)*	**paotred** pòòträt *(Jungen)*
labous *(m)* laabuß *(Vogel)*	**laboused** la'buußät *(Vögel)*

Für die übrigen Mehrzahlendungen lässt sich leider keine so elegante Regel aufstellen. Hinzu kommt, dass einige dieser Endungen (insbesondere -i, -e, -iel, -(i)en, -(i)er und -ent) bewirken, dass sich im Hauptwort ein Selbstlaut ändert (vgl. dt. „Kuh / Kühe“):

Alle Ausnahmen werden in den Wörterlisten im Konversationsteil und im Anhang ausdrücklich angegeben.

enez *(w)* êênäß *(Insel)*	**inizi** î'niisi *(Inseln)*
bugel *(m)* büügäl *(Kind)*	**bugale** bü'gaale *(Kinder)*
korn *(m)* kòrn *(Horn)*	**kerniel** kärnjäl *(Hörner)*
mab *(m)* maap *(Sohn)*	**mibien** miibjän *(Söhne)*
kazh *(m)* kaaß *(Katze, Kater)*	**kizhier** kiisjär *(Katzen)*

Einige Hauptwörter schließlich verzichten ganz auf eine Endung und bilden ihre Mehrzahl ausschließlich durch Selbstlautwechsel:

dant *(m)* dân(t) *(Zahn)*	**dent** dên(t) *(Zähne)*
maen *(m)* mêên *(Stein)*	**mein** mäjn *(Steine)*
yar *(w)* jaar *(Huhn)*	**yer** jeer *(Hühner)*

Andere leihen sich ihre Mehrzahl von „fremden“ Hauptwörtern, so dass für Ein- und Mehrzahl zwei völlig verschiedene Wörter gebraucht werden:

ki *(m)* kii *(Hund)*	**chas** schaß *(Hunde)*
marc'h *(m)* mar~~ch~~ *(Pferd)*	**kezeg** keesäk *(Pferde)*
buoc'h *(w)* büüò~~ch~~ *(Kuh)*	**saout** ßòwt *(Kühe)*
den *(m)* dêên *(Mann, Mensch)*	**tud** tüüt *(Männer, Menschen, Leute)*

Verkleinerungsform (Diminutiv)

Verkleinerungsformen werden mit der Endung -ig gebildet:

den	dêên	Mann
denig	dêênik	kleiner Mann, Männlein
tad	taat	Vater
tadig	taadik	Papa
Yann	jân	Jan, Hans
Yannig	jânik	kleiner Jan, „Hänschen“

Im Bretonischen sind Verkleinerungen dieser Art sehr beliebt und werden viel häufiger gebraucht als im Deutschen. Oft dienen sie der Verniedlichung. In Verbindung mit Eigennamen werden sie auch zur Bildung von Koseformen benutzt.

In der Mehrzahl werden solche Verkleinerungsformen meist mit zwei Endungen gebraucht, der Mehrzahlendung des unveränderten Hauptworts und der Endung -igoù für die Verkleinerungsform selbst:

merc'h *(w)* mär~~ch~~ *(Mädchen, Ez)*	**merc'hed** märchät *(Mädchen, Mz)*
merc'hig *(w)* märchik *(kleines Mädchen)*	**merc'hedigoù** märchä'digu *(kleine Mädchen)*

Artikel

In der Regel werden Hauptwörter nicht allein, sondern in Begleitung eines Artikels gebraucht. Wie im

Deutschen gibt es im Bretonischen einen bestimmten („der, die, das") und einen unbestimmten Artikel („ein, eine"). Die Formen des bestimmten Artikels lauten al, an und ar, die des unbestimmten ul, un und ur. Welche dieser Formen verwendet wird, hängt vom Anlaut des betreffenden Hauptworts ab:

● vor l	**al**	**al levr**	al lewr	das Buch
	ul	**ul levr**	'ølewr	ein Buch
● vor d, t, n;	**an**	**an ti**	ân tii	das Haus
	un	**un ti**	'ønti	ein Haus
vor (stummem)		**an hent**	ân ên(t)	der Weg
h;		**un hent**	'ønên(t)	ein Weg
vor Vokal		**an arzh**	ân arß	der Bär
		un arzh	'ønarß	ein Bär
● vor allen übri-	**ar**	**ar paotr**	ar pòòt(r)	der Junge
gen Mitlauten	**ur**	**ur paotr**	'ørpòt(r)	ein Junge

Vor einsilbigen Wörtern zieht der (sonst unbetonte) unbestimmte Artikel den Akzent auf sich. Dies wird in der Lautschrift stets durch den Apostroph gekennzeichnet. Ein h *am Wortanfang verstummt nach beiden Artikeln.*

Vor Hauptwörtern in der Mehrzahl wird nur der bestimmte Artikel verwendet (die Verteilung von al, an und ar ist dieselbe wie in der Einzahl): levrioù lewrju *(Bücher)*, al levrioù al lewrju *(die Bücher)*.

Beginnt ein Hauptwort mit p, t, k, b, m, g oder gw, kommen die eingangs beschriebenen Mitlautänderungen ins Spiel: Je nach Geschlecht und Zahl wird das Hauptwort „leniert" oder „behaucht". Weibliche Hauptwörter in der Einzahl werden nach dem Artikel bis auf wenige Ausnahmen leniert:

taol *(w)* tòòl	Tisch
an daol ân dòòl	der Tisch
kador *(w)* kaadòr	Stuhl
ar gador ar gaadòr	der Stuhl
bag *(w)* baak	Boot
ar vag ar vaak	das Boot
merch *(w)* mär~~ch~~	Tochter, Mädchen
ar verch ar vär~~ch~~	die Tochter, das Mädchen

Männliche Hauptwörter in der Einzahl hingegen werden behaucht, allerdings nur, wenn sie Lebewesen bezeichnen und mit einem k beginnen:

kelenner *(m)* ke'länär	Lehrer
ar c'helenner ar ~~ch~~e'länär	der Lehrer
ki *(m)* kii	Hund
ar c'hi ar ~~ch~~ii	der Hund

Alle übrigen bleiben unverändert: penn pän *(Kopf)* wird zu ar penn ar pän *(der Kopf)*, ti tii *(Haus)* wird zu an ti ân tii *(das Haus)*. Nur das männliche Hauptwort tra traa *(Sache, Ding)*, wird nach dem Artikel wie ein weibliches Hauptwort leniert: tra wird zu an dra.

In der Mehrzahl ist es dann (fast) genau umgekehrt. Männliche Hauptwörter, die Personen bezeichnen (und nicht auf -où enden!), werden leniert:

paotred *(m)* pòòträt	Jungen
ar baotred âr bòòträt	die Jungen
tud *(m)* tüüt	Leute
an dud an düüt	die Leute
kelennerien *(m)* kelä'neerjän	Lehrer
ar gelennerien ar gelä'neerjän	die Lehrer

Alle übrigen männlichen wie weiblichen Hauptwörter, die mit einem k beginnen, werden behaucht (k wird also zu c'h):

kadorioù *(w)* ka'dorju	Stühle
ar c'hadorioù ar ~~ch~~a'dorju	die Stühle

Ausnahme: Einige weibliche Hauptwörter, die mit einem d *beginnen, ändern ihren Anlaut in* n: dor *(Tür) wird zu* an nor *(die Tür), oder sie bleiben unverändert. Das weibliche Hauptwort* plac'h *(Mädchen) verändert sich mit dem Artikel gar nicht:* ar plac'h *(das Mädchen).*

Zweizahl (Dual)

Eine kleine Gruppe von Hauptwörtern, die Körperteile bezeichnen, werden in der Regel nicht mit den oben beschriebenen Mehrzahlendungen verwendet, sondern bilden einen so genannten Dual (Zweizahl). Der Grund hierfür ist, dass die betreffenden Körperteile in aller Regel paarweise, d. h. „zweifach" vorkommen. Für den Dual wird dem betreffenden Hauptwort daher anstelle einer Endung je nach Geschlecht das Zahlwort „zwei" vorangestellt. Männliche Hauptwörter verwenden daou, weibliche div:

Die Verwendung von Dualformen ist nicht für alle paarweise vorkommenden Körperteile verbindlich. Bei troad *(m) (Fuß) etwa werden Sie neben* daoudroad *auch die gewöhnliche Mehrzahl* treid *(Füße) finden.*

lagad *(m)* laagat	Auge
daoulagad dòw'laagat	(zwei) Augen
glin *(m)* glîîn	Knie
daoulin dòwlîn	(zwei) Knie
skouarn *(w)* ßkuarn	Ohr
divskouarn diw'ßkuarn	(zwei) Ohren
brec'h *(w)* brää~~ch~~	Arm
divrec'h divrä~~ch~~	(zwei) Arme

Sammelbegriffe (Kollektiv & Singulativ)

Eine weitere Besonderheit des Bretonischen betrifft Dinge, die gewöhnlich in großer Zahl auftreten und daher als Einheit aufgefasst werden. Ursprünglich einmal waren solche Sammelbegriffe *(Kollektiva)* ebenfalls Mehrzahlformen, deren Einzahl verloren gegangen ist.

Um die Einzahl eines Kollektivs (einen so genannten *Singulativ*) zu bilden, wird gerade umgekehrt zur Mehrzahlbildung gewöhnlicher Hauptwörter die Singulativ-Endung -enn verwendet.

Da Singulativa immer weiblich sind, werden sie nach dem Artikel wie weibliche Hauptwörter in der Einzahl leniert.

Kollektiv	Singulativ
stered ßteerät *(Sterne)*	**ur steredenn** ør ßte'reedän *(ein Stern)*
gwez gwee(ß) *(Bäume)*	**ur gwezenn** ør gwee(s)än *(ein Baum)*
patatez pa'tatäß *(Kartoffeln)*	**ur batatezenn** ør bata'teesän *(eine Kartoffel)*
tomatez tò'matäß *(Tomaten)*	**un domatezenn** øn doma'teesän *(eine Tomate)*

zusammengesetzte Hauptwörter

Hauptwörter können im Bretonischen fast beliebig aneinandergereiht werden. Im Gegensatz zum Deutschen wird allerdings nicht das bestimmende, sondern das bestimmte Element zuerst genannt:

Neben dieser „neuen" gibt es noch Reste einer „alten" Bildungsweise (die dem Deutschen ähnlicher ist): karr *(Auto)* + ti *(Haus)* = karrdi *(„Autohaus", d. h. Garage).*

tour	+	**iliz**	=	**tour-iliz**
tuur		iiliß		tu'riiliß
Turm		*Kirche*		*Turm-Kirche*
Turm		Kirche		Kirchturm

Wird ein Artikel verwendet, steht er vor dem bestimmten Element: an tour-iliz *(der Kirchturm).*

Ebenso wird bei Bildung der Mehrzahl nur dieses erste Element in die Mehrzahl gesetzt:

ar vilin-avel	**ar milinoù-avel**
ar vilî'naaväl	ar milînu'aaväl
*die*ᴸ *'Mühle-Wind*	*die Mühlen-Wind*
die Windmühle	die Windmühlen

Ohne Bindestrich, aber mit dem Artikel zwischen beiden Hauptwörtern, dient diese Struktur auch dazu, ein Besitzverhältnis auszudrücken:

ar c'harr	+	**ar paotr**	=	**karr ar paotr**
ar chaar		ar pòòt(r)		kaar ar pòòt(r)
*der*ᴬ *ᵃAuto*		*der Junge*		*Auto der Junge*
das Auto		der Junge		das Auto des Jungen

Der Artikel braucht hier nur einmal, und zwar vor dem bestimmenden Element verwendet zu werden. Eigennamen werden ganz ohne Artikel gebraucht: ti Alan *(Alans Haus).*

Dieses & Jenes / Hier & Dort

Die Endung -mañ *wird verwendet, wenn sich etwas nah beim Sprecher befindet. Für entfernte Personen oder Gegenstände wird* -se, *für noch weiter (d. h. sehr weit) entfernte* -hont *gebraucht.*

Hinweisende Fürwörter („diese/r“, „jene/r“) werden mit den Endungen -mañ, -se und -hont gebildet, die an das betreffende Hauptwort angehängt werden. Abweichend vom Deutschen steht das Hauptwort zusätzlich mit dem bestimmten Artikel.

ar paotr-mañ	**ar plac'h-se**	**an den-hont**
ar pòòtmâ	ar plaa~~ch~~ße	ân dêênôn(t)
der Junge-dieser	*die Mädchen -jenes(da)*	*der Mann -jener(dort)*
dieser Junge	jenes Mädchen	jener Mann dort

Mit den Vorsilben he- *(m)* bzw. ho- *(w)* können alle drei hinweisenden Fürwörter auch prädikativ, d. h. allein stehend verwendet werden:

In der Mehrzahl werden unabhängig vom Geschlecht ar re-mañ *(diese),* ar re-se *(die, jene) und* ar re-hont *(jene dort) benutzt.*

hemañ	hêmâ	dieser
homañ	hômâ	diese
hennezh	hênäß	der, jener
honnezh	hônäß	die, jene
henhont	hênôn(t)	jener (dort)
honhont	hônôn(t)	jene (dort)

Piv eo hemañ?	**Ha honnezh?**	**Ar re-hont?**
piw ä(w) hêmâ	a hônäß	ar reeôn(t)
wer ist dieser	*und jene*	*die welche-jene(dort)*
Wer ist das hier?	Und die da?	Die dort drüben?

Ortsangaben („hier“, „dort“) werden nach demselben Muster mit der Vorsilbe a- gebildet:

amañ	âmâ	hier
aze	aase	da, dort
a-hont	aaôn(t)	dort (drüben)

Eigenschafts- & Umstandswörter

Eigenschaftswörter (Adjektive) stehen im Bretonischen in der Regel nach dem Hauptwort, auf das sie sich beziehen. Je nach Geschlecht und Zahl des vorangehenden Hauptworts werden sie dabei nach den gleichen Regeln leniert wie das betreffende Hauptwort selbst in Verbindung mit dem Artikel. Leniert werden generell alle Eigenschaftswörter nach einem weiblichen Hauptwort in der Einzahl (in der Mehrzahl bleiben sie unverändert):

Die gehauchte Mitlautänderung kommt in Verbindung mit Eigenschaftswörtern nicht vor.

ar verc'h vihan	*aber:*	**ar merc'hed bihan**
ar vär~~ch~~ viiân		ar märchäd biiân
die^{L} ˈMädchen ˈklein		*die Mädchen klein*
das kleine Mädchen		die kleinen Mädchen

In Verbindung mit männlichen Hauptwörtern werden Eigenschaftswörter nur dann leniert, wenn das betreffende Hauptwort in der Mehrzahl steht und eine Person bezeichnet:

ar paotr bras	*aber:*	**ar baotred vras**
ar pòt(r) braaß		ar bòòträd vraaß
der Junge groß		*die^{L} ˈJungen ˈgroß*
der große Junge		die großen Jungen

Ausnahme: Beginnt das Eigenschaftswort mit p, t oder k, braucht es nicht verändert zu werden. Es sei denn, das vorausgehende (männliche) Hauptwort endet auf m, n, r, l, v oder auf einen Selbstlaut:

an dud kozh	*aber:*	**ar vugale glañv**
an düt kooß		ar vü'gaale glâw
die^{L} ˈLeute alt		*die^{L} ˈKinder ˈkrank*
die alten Leute		die kranken Kinder

Sollten Sie einmal einen falschen Laut „erwischen", ist das aber auch kein Beinbruch. Für einen Bretonen klingt das ungefähr so, als würden Sie im Deutschen eine falsche Endung verwenden (was die Verständigung ja normalerweise auch nicht beeinträchtigt).

Eigenschafts- & Umstandswörter

einfache Sätze mit „eo" (ist)

Werden Eigenschaftswörter nicht als Begleiter eines Hauptworts („das neue Auto"), sondern prädikativ verwendet („das Auto ist neu"), brauchen sie nicht verändert zu werden.

Im Bretonischen werden Sätze dieser Art mit eo, der 3. Person Einzahl von bezañ *(sein)*, gebildet:

Skuizh eo ar paotr bihan.	**Skuizh eo.**
ßkʉiis a(w) ar pòt(r) biiân	ßkʉiis ä(w)
müde ist der Junge klein	*müde ist(-er/-sie)*
Der kleine Junge ist müde.	Er ist müde.

Wie Sie an diesen Beispielen sehen, steht das Verb in bejahten Aussagesätzen in der Regel an zweiter Stelle. Das Subjekt (Frage: *wer?*) folgt unmittelbar danach, wobei es allerdings nicht unbedingt ausgedrückt werden muss; der Satz ist auch so korrekt.

Eine Besonderheit des Bretonischen ist, dass ein Verb (hier: bezañ) für alle Personen immer in der 3. Person Einzahl (hier: eo) verwendet werden muss, sobald das Subjekt (Satzgegenstand) durch ein Haupt- oder Fürwort näher bestimmt wird (auch wenn das Hauptwort selbst in der Mehrzahl steht!):

Skuizh eo ar baotred vihan.	*aber:*	**Skuizh int.**
ßkʉiis ä(w) ar bòträd viiân		ßkʉiis în(t)
*müde ist die*ᴸ *ˈJungen ˈklein*		*müde sind(-sie)*
Die kleinen Jungen sind müde.		Sie sind müde.

Umstandswörter

Eigenschaftswörter können im Bretonischen gleichzeitig auch als Umstandswörter (Adverbien) verwendet werden, ohne dass sie dazu in irgendeiner Weise verändert werden müssten. Sie bezeichnen dann die Art und Weise, in der etwas geschieht (also nicht wie etwas *ist*, sondern wie jemand etwas *tut*):

Neben Umstandswörtern der Art und Weise gibt es auch noch die des Ortes und der Zeit (s. rechte innere Umschlagklappe).

Komz a rit re vuan.
kôms (a) rid re vüân
sprechen VP tut(-ihr) zu[L] 'schnell
Sie sprechen zu schnell.

Steigern & Vergleichen

Die Steigerungsformen der Eigenschaftswörter werden im Bretonischen regelmäßig mit den Endungen -oc'h und -añ gebildet:

Grundstufe	**brav** braw *(schön)*
1. Steigerungsstufe (Komparativ)	**bravoc'h** braavò~~ch~~ *(schöner)*
2. Steigerungsstufe (Superlativ)	**bravañ** braavâ *(am schönsten)*

Beide Endungen bewirken, dass der Mitlaut im Auslaut der Grundform verhärtet wird: b wird zu p, d wird zu t, g wird zu k, und z(h) (s) wird zu s(h) (ß).

goustad gußtat *(langsam)*	**goustatoc'h** guß'tatò~~ch~~ *(langsamer)*
nevez neevä(ß) *(neu)*	**nevesoc'h** ne'väßò~~ch~~ *(neuer)*
kozh kooß *(alt)*	**koshoc'h** kooßò~~ch~~ *(älter)*

Gleichheit wird im Bretonischen mit dem Wörtchen ken *(genauso)* und dem Eigenschaftswort in der Grundstufe ausgedrückt: ken kozh *(genauso alt)*. Das Vergleichsobjekt wird mit dem Verhältniswort ha / hag* angeschlossen:

Ha *und* hag *sind Varianten. Die mit Sternchen (*) gekennzeichnete Form wird vor einem Selbstlaut verwendet.*

Steigern & Vergleichen

Im Trégor wird anstelle von ha /hag* *das Verhältniswort* evel *(wie) gebraucht.*

Ken kozh eo Paol ha me.
kên koos ä(w) pòòl a mee
so groß ist Paul wie ich
Paul ist so groß wie ich.

Lediglich die Eigenschaftswörter mat *(gut)* und kalz *(viel)* besitzen eigene Gleichheitsformen: kenkoulz *(genauso gut)*, bzw. kement *(genauso viel)*.

Vergleiche, die eine Ungleichheit zum Ausdruck bringen, werden stattdessen mit dem Eigenschaftswort in der ersten Steigerungsform (Komparativ) und dem Verhältniswort eget (e')geet *(als)* gebildet:

Koshoc'h eo Yann eget Nolwenn.
kooßòch ä(w) jân (e')ged nòlwän
älter ist Yann als Nolwenn
Yann ist älter als Nolwenn.

Die Verwendung der zweiten Steigerungsstufe (Superlativ) erfordert kein Vergleichsobjekt. Dafür wird das Eigenschaftswort mit dem bestimmten Artikel gebraucht:

Einige häufig gebrauchte Eigenschaftswörter haben unregelmäßige Steigerungsformen (s. Tabelle).

Ar c'hoshañ eo.
ar ~~ch~~ooßâ ä(w)
der^A ^{a}älteste ist(-er/-sie)
Er ist am ältesten.

aber: **Ar paotr koshañ eo.**
ar pòt(r) kooßâ ä(w)
der Junge ältest ist(-er/-sie)
Er ist der älteste Junge.

Grundstufe	1. Steigerungsstufe	2. Steigerungsstufe
mat *(gut)*	**gwell, gwelloc'h** *(besser)*	**ar gwellañ** *(am besten)*
fall *(schlecht)*	**gwas, gwashoc'h** *(schlechter)*	**ar gwashañ** *(am schlechtesten)*
kalz *(viel)*	**mui, muioc'h** *(mehr)*	**ar muiañ** *(am meisten)*

Für „schlechter" und „am schlechtesten" gibt es neben gwas, gwashoc'h und ar gwashañ auch die regelmäßig gebildeten Formen falloc'h und ar fallañ.

Muioc'h mü̶iòc̶h̶ und muiañ mü̶iâ können verwendet werden, um die Steigerungsformen längerer Eigenschaftswörter und Partizipien zu bilden:

Muioc'h anavezet eo Alan Stivell eget Dan Ar Bras.
mü̶iòch âna'vee(s)äd ä(w) alân ßtiiväl (e')ged dân ar braaß
mehr bekannt ist Alan Stivell als Dan Ar Bras
Alan Stivell ist bekannter als Dan Ar Bras.

Verstärken & Abschwächen

Das Bretonische ist äußerst einfallsreich, wenn es darum geht, Eigenschaftswörter zu verstärken (oder abzuschwächen). Sehr bretonisch klingt es, das betreffende Wort einfach zu verdoppeln:

Tomm-tomm eo an amzer.
tôm'tôm ä(w) ân âmsär
heiß-heiß ist der Wetter
Es ist sehr heiß.

Aes-aes eo.
äs'ääs ä(w)
leicht-leicht ist(es)
Das ist sehr leicht.

Doch auch -tre und -kenañ sind geläufig:

mat-tre
ma'tree
gut-sehr
sehr gut

bras-kenañ
braßkê'nââ
groß-sehr
sehr groß

Soll ein Eigenschaftswort in seiner Bedeutung abgeschwächt werden, wird es mit der Verkleinerungsendung -ik verwendet:

bihan *(klein)*	**bihanik** *(ganz klein)*
goustad *(langsam)*	**goustadik** *(ganz langsam)*
nevez *(neu)*	**nevezik** *(ziemlich neu)*
koant *(hübsch)*	**koantik** *(niedlich, süß)*

Persönliche Fürwörter

Ein Fürwort für „es“ gibt es im Bretonischen nicht (je nach grammatischem Geschlecht des gedachten Hauptwortes werden dafür die Fürwörter eñ bzw. hi gebraucht). C'hwi *(ihr)* dient auch als Höflichkeitsform („Sie“).

me	mee	ich	**ni**	nii	wir
te	tee	du	**c'hwi**	~~ch~~wii	ihr / Sie
eñ	ê	er	**int**	in(t)	sie *(Mz)*
hi	hii	sie *(Ez)*			

Anders als im Deutschen werden persönliche Fürwörter im Bretonischen nicht als ständige Begleiter gebeugter Verbformen („ich lese“, „du liest“, usw.) verwendet, sondern nur allein stehend oder zur Hervorhebung des Subjekts (Satzgegenstandes) gebraucht:

Piv zo aze?	**Me.**	**Me zo aze!**
piw so aase	mee	mee so aase
wer ist da	*ich*	*ich ist da*
Wer ist da?	Ich.	*Ich* bin da!

Objektformen der persönlichen Fürworter („mir/mich“, „dir/dich“ usw.) kennt das Bretonische nicht. Wie im Kap. „Verhältniswörter“ noch näher beschrieben, verwenden die meisten Dialekte stattdessen so genannte „gebeugte“ Verhältniswörter.

Besitzanzeigende Fürwörter

Die besitzanzeigenden Fürwörter (Possessivpronomen) stehen wie der Artikel vor dem Hauptwort, auf das sie sich beziehen:

ti	**an ti**	**ma zi**
tii	ân tii	ma zii
Haus	*der Haus*	*mein*^{L} *Haus*
Haus	das Haus	mein Haus

Ob das betreffende Hauptwort in der Einzahl oder in der Mehrzahl steht, spielt dabei keine Rolle, das besitzanzeigende Fürwort verändert sich nicht: **ma zi** *(mein Haus)*, **ma ziez** *(meine Häuser)*.

ma^{A}	ma	mein, meine
da^{L}	da	dein, deine
e^{L}	e	sein, seine
he^{A} **/ hec'h***	e	ihr, ihre
hol / hon / hor$^{(A)}$	òl, ôn, òr	unser, unsere
ho^{P} **/ hoc'h***	o	euer, euere
o^{L}	o	ihr, ihre

Die Formvarianten hec'h *und* hoc'h *werden verwendet, wenn das Hauptwort mit einem Selbstlaut beginnt.*

Dialektale Varianten: Im Westen des bretonischen Sprachgebiets, vor allem im Leoneg, wird anstelle von ma^{A} die Form va^{A} verwendet. Das Tregerieg verwendet in der 1. Person Mehrzahl („unser") ausschließlich hon.

Beginnt ein Hauptwort mit einem mutationsfähigen Mitlaut, wird es nach den Fürwörtern da, e und o leniert, nach ma und he behaucht und nach ho erhärtet (vgl. dazu die Mutationszeichen in der Tabelle). Nach hor werden nur solche Hauptwörter behaucht, die mit einem k beginnen: ki *(Hund)*, hor c'hi *(unser Hund)*.

Besitzanzeigende Fürwörter

Wie Sie sich vorstellen können, ist es selbst für geübte Sprecher nicht immer einfach, hier die verschiedenen Mutationen auseinander zu halten. Seien Sie deshalb nicht enttäuscht, wenn Sie gerade am Anfang den einen oder anderen Laut verwechseln.

Aufpassen sollten Sie bei den Fürwörtern der 3. Person Einzahl und Mehrzahl: Da das h am Wortanfang nicht gesprochen wird, sind he *(ihr)* und e *(sein)* ebenso wie ho *(euer)* und o *(ihr)* nur dadurch zu unterscheiden, welche Mutation sie am nachfolgenden Hauptwort auslösen:

e benn	**he fenn**	**ho pennoù**	**o bennoù**
e bän	e fän	o pänu	o bänu
sein^{L} ^{l}*Kopf*	*ihr*^{A} ^{a}*Kopf*	*eure Köpfe*	*ihre*^{L} ^{l}*Köpfe*
sein Kopf	ihr Kopf	eure Köpfe	ihre Köpfe

Auch das Fürwort der 1. Person Mehrzahl *(unser)* tanzt mit seinen drei Formen (hol, hon und hor) ein wenig aus der Reihe. Wie die Endungen zeigen, werden diese jedoch wie die Formen des bestimmten Artikels (al, an und ar) verwendet. So viel zur Theorie. In der Praxis sieht das dann ungefähr so aus:

Das Hauptwort beginnt mit ...					
... Mitlaut (außer k)		**... Mitlaut k**		**... Selbstlaut**	
ti tii *(Haus)*		**karr**	kaar *(Auto)*	**anv**	ânw *(Name)*
ma zi	ma sii	**ma c'harr**	ma ~~ch~~aar	**ma anv**	ma ânw
da di	da dii	**da garr**	da gaar	**da anv**	da ânw
e di	e dii	**e garr**	e gaar	**e anv**	e ânw
he zi	e sii	**he c'harr**	e ~~ch~~arr	**hec'h anv**	ech ânw
hon ti	ôn tii	**hor c'harr**	òr ~~ch~~aar	**hol anv**	òl ânw
ho ti	o tii	**ho karr**	o kaar	**hoc'h anv**	òch ânw
o zi	o sii	**o c'harr**	o ~~ch~~aar	**o anv**	o ânw

Mit den Verhältniswörtern e *(in) und* da *(zu, nach) verschmelzen* ma *(mein/-e) und* da *(dein/-e) zu einer Form!*

e + ma	*wird zu*	**em**^{A} *(in meinem / -er),*
e + da	*wird zu*	**ez**^{P} *(in deinem / -er)*
da + ma	*wird zu*	**da'm**^{A} *(zu meinem / -er)*
da + da	*wird zu*	**da'z**^{P} *(zu deinem / -er)*

Sein & Haben

Eins der wichtigsten (und auch der nützlichsten) Wörter des Bretonischen ist bezañ be(s)â *(sein)*, dessen 3. Person Sie ja bereits kennen gelernt haben.

Gegenwart

bezañ	be(s)â	sein (Verb)
on	ôôn	ich bin
out	uut	du bist
eo	ä(w)	er/sie/es ist
omp	ôm(p)	wir sind
oc'h	òòch	ihr seid
int	în(t)	sie sind

einfache Gegenwart von „sein“

Neben eo macht bezañ in der 3. Person allerdings noch von zwei weiteren Formen Gebrauch, und zwar sind dies zo soo und ez eus e'søøß. Beide bedeuten so viel wie „es gibt“, unterscheiden sich aber durch die Stellung des Subjekts (Satzgegenstandes, hier: des Satzglieds, das anzeigt, *was* es gibt). Geht das Subjekt voraus, muss zo verwendet werden, in allen anderen Fällen wird ez eus gebraucht:

Krampouezh zo.
krâmpwäß ßoo
Pfannkuchen ist
Es gibt Crêpes.

Pelec'h ez eus krampouezh?
p(e')lääch (e')søß krâmpwäß
wo ist Pfannkuchen
Wo gibt es Crêpes?

Darüber hinaus besitzt bezañ als einziges Verb für alle Personen auch eine so genannte „situative Form“. Diese wird dazu verwendet, um jemandem mitzuteilen, *wo* sich etwas (eine bestimmte Person, ein bestimmter Gegenstand) befindet:

Sein & Haben

situative Form von „sein“

Die situative Form – die übrigens als einzige auch am Satzanfang stehen kann – ist in der Wort-für-Wort-Übersetzung durch ein hochgestelltes „SIT“ gekennzeichnet.

emaon	(e')mâwn	ich bin / befinde mich
emaout	(e')mòwt	du bist / ...
emañ	(e')mââ	er / sie / es ist / ...
emaomp	(e')mâwm(p)	wir sind / ...
emaoc'h	(e')maw~~ch~~	ihr seid / ...
emaint	(e')mâjn(t)	sie sind / ...

Pelec'h emañ ar krampouezh?
p(e')lääch (e')mââ (a)r krâmpwäß
wo ist^{SIT} die Pfannkuchen
Wo sind die Crêpes?

War an daol emaint.
war ân dòòl (e')mâjn(t)
auf die^{L} ˈTisch sind^{SIT}
Sie sind auf dem Tisch.

In einer festen Struktur mit dem Verhältniswort gant gân(t) *(mit)* werden die situativen Formen dazu gebraucht, „haben“ im Sinne von „etwas dabei haben“, „etw. anhaben / aufhaben“ *(Kleidung)* auszudrücken:

Emañ e garr gant Herve.
(e')mââ e gaar gân(d) härve
ist^{SIT} sein^{L} ˈAuto mit Herve
Herve ist mit dem Auto da.

Gegenwartsform von „haben“

Das Bretonische verwendet vor den meisten Verben eine so genannte Verbpartikel (VP), die je nach Zusammenhang a *oder* e *lautet, im Deutschen aber nicht wiedergegeben werden kann (vgl. Kap. „Verben & Zeiten“).*

Für „haben, besitzen“ (auch im übertragenen Sinn) wird das Verb kaout kaut gebraucht, in dessen Formen eus mit der unübersetzbaren Verbpartikel a und einem (verkürzten) Fürwort zu einer Form verschmilzt: a + m(a) + eus = am eus („mein ist“, d. h. „ich habe“).

Ur c'harr am eus.
'ør~~ch~~aar a'møß
ein^{A} ᵃAuto VP-mein ist
Ich habe ein Auto.

Naon az peus.
nâwn a'ßpøß
Hunger VP-dein ist
Du hast Hunger.

Amzer en deus.
âmsär ên døß
Zeit sein ist
Er hat Zeit.

Kalz arc'hant he deus.
kals archân(d) e døß
viel Geld ihr ist
Sie hat viel Geld.

kaout	kaut	haben
am eus	ẽ'møß	ich habe
ac'h eus, az peus	a'chøß, a'ßpøß	du hast
en deus	ên'døß	er hat
he deus	e'døß	sie hat
hon eus	ô nøß	wir haben
hoc'h eus, ho peus	ò'chøß, o'pøß	ihr habt
o deus	o'døß	sie haben

Gegenwart von „haben"

Varianten: Die Formen ac'h eus *und* hoc'h eus *kommen vor allem in geschriebener oder in formeller Sprache vor, während* az peus *und* ho peus *im gesprochenen Bretonisch geläufiger sind.*

Beginnt der Satz mit einem Umstandswort (Adverb), wird am eus durch em eus und ac'h / az peus durch ec'h / ez peus ersetzt:

Abaoe dec'h em eus ur c'harr.
(a')bòwe dääch (e')møs 'ørehaar
seit gestern VP-mein ist ein[A a]Auto
Seit gestern habe ich ein Auto.

In der Umgangssprache werden für beide Varianten häufig die Formen 'm eus *(ich habe)* bzw. 'peus / 'teus *(du hast)* gebraucht. Die Formen der übrigen Personen werden umgangssprachlich ebenfalls durch kürzere ersetzt: 'neus *(er hat)*, 'deus *(sie hat)*, 'meump *(wir haben)*, 'peus *(ihr habt)* und 'neunt *(sie haben)*. 'Meump und 'neunt sind jedoch eher selten.

unvollendete Vergangenheit

bezañ	be(s)â	sein	kaout	kaut	haben
e oan	e wâân	ich war	**am boa**	a'mwaa	ich hatte
e oas	e waaß	du warst	**az poa**	aß'pwaa	du hattest
e oa	e waa	er / sie / es war	**en doa**	ên'dwaa	er hatte
			he doa	e'dwaa	sie hatte
e oamp	e wâm(p)	wir waren	**hor boa**	òr'bwaa	wir hatten
e oac'h	e waach	ihr wart	**ho poa**	o'pwaa	ihr hattet
e oant	e wân(t)	sie waren	**o doa**	o'dwaa	sie hatten

Zukunft

bezañ	be(s)â	sein	**kaout**	kaut	haben
e vin	e vîîn	ich werde sein	**am bo**	a'moo	ich werde haben
e vi	e vii	du wirst sein	**az po**	a'ßpoo	du wirst haben
e vo	e voo	er / sie / es wird sein	**en do**	ên'doo	er wird haben
			he do	e'doo	sie wird haben
e vimp	e vîm(p)	wir werden sein	**hor bo**	òr'boo	wir werden haben
e viot	e viòt	ihr werdet sein	**ho po**	o'poo	ihr werdet haben
e vint	e vîn(t)	sie werden sein	**o do**	o'doo	sie werden haben

Verben & Zeiten

Die Formen regelmäßiger Verben setzen sich im Bretonischen aus einem Stamm und einer Endung zusammen.

Grundform

Die Grundform bretonischer Verben lässt sich im Deutschen nicht nur durch einen Infinitiv („zu trinken, zu essen"), sondern auch durch ein so genanntes „Tätigkeitshauptwort" („das Essen, das Trinken") wiedergegeben. In der Wort-für-Wort-Übersetzung finden Sie, je nach Zusammenhang, beide Möglichkeiten.

Für die Grundform, die gleichzeitig auch die Wörterbuchform ist, sind verschiedene Endungen in Gebrauch. Am häufigsten sind -añ und -iñ:

-añ	**evañ**	eevâ	trinken
-iñ	**debriñ**	deebrî	essen

Weniger häufig sind diese Grundformendungen:

-al	**nijal**	niishal	fliegen
-at	**labourat**	la'buurat	arbeiten
-el	**lezel**	leesäl	lassen, verlassen
-et	**kousket**	kußkät	schlafen
-out	**karout**	kaarut	lieben

Den Verbstamm, der v. a. für die Beugung wichtig ist, erhalten Sie, indem Sie die Form, die Sie im Wörterbuch finden, um die betreffende Endung kürzen, hier also z. B. ev-, debr-, nij-, labur-, lez-, kousk- und kar-.

Einige Verben allerdings haben Grundformen, die den Verbstamm verschleiern, wie reiñ (Verbstamm ro-) räî *(geben)*, sevel (sav-) seeväl *(heben, bauen)* oder dont (deu-) dôn(t) *(kommen)*. Bei anderen Verben, wie komz kômß *(sprechen)*, selaou schelòw *(hören)* oder lenn län *(lesen)*, sind beide Formen identisch. Im Zweifelsfall werden Verbstamm und Grundform in den Wörterlisten aufgeführt. Bei der Beugung entfällt die Endung der Grundform und eine Personalendung tritt an ihre Stelle. Diese zeigt allerdings nicht nur die jeweilige Person an, sondern auch, in welcher Zeitstufe (Gegenwart, Zukunft oder Vergangenheit) sich die Handlung abspielt.

Gegenwart

komz	kômß	sprechen
a gomz-an	(a) gômsân	ich spreche
a gomz-ez	(a) gômseß	du sprichst
a gomz	(a) gômß	er/sie spricht
a gomz-omp	(a) gômsôm(p)	wir sprechen
a gomz-it	(a) gômsit	ihr sprecht
a gomz-ont	(a) gômsôn(t)	sie sprechen

Um die Personalendungen hervorzuheben, werden sie in der nebenstehenden Tabelle durch einen Bindestrich vom Verbstamm getrennt.

Die Formen mit Personalendung werden allerdings nur benötigt, wenn das Subjekt (Satzgegenstand) *nicht* eigens ausgedrückt wird:

Brezhoneg a gomzan bemdez.
bre'sôônäg (a) gômsân bämdä(ß)
Bretonisch VP[L] ¦spreche(-ich) täglich
Bretonisch spreche ich jeden Tag.

In allen anderen Fällen genügt die Form der 3. Person Einzahl, die für regelmäßige Verben in der Gegenwart mit dem Verbstamm identisch ist:

Brezhoneg a gomz ar baotred bemdez.
bre'sôônäg (a) gôms ar bòòträd bämdä(ß)
Bretonisch VP[L] ˈspricht die[L] ˈJungen täglich
Bretonisch sprechen die Jungen jeden Tag.

Verbpartikeln

Tipp: Lernen Sie einfach eine der beiden Partikeln gleich mit den gebeugten Verbformen mit. Diese brauchen Sie dann nach Bedarf nur durch die jeweils andere zu ersetzen.

Hinzu kommt, dass (mit Ausnahme der Gegenwartsformen von bezañ) gebeugte Verbformen praktisch immer mit einer von zwei Verbpartikeln, a[L] oder e[M] / ec'h*, verwendet werden. Diese Partikeln haben für sich gesehen keine eigene Bedeutung (und müssen noch nicht einmal unbedingt gesprochen werden), lösen am Verb aber unterschiedliche Mutationen aus (s. u.).

Wortstellung

In dem Satz „ich spreche jeden Tag Bretonisch" ist „ich" das Subjekt, „Bretonisch" das (direkte) Objekt und „jeden Tag" eine Umstandsangabe.

Die Wahl der Partikel hängt davon ab, welches Satzglied zuerst genannt wird. In der Regel nämlich beginnt ein Satz im Bretonischen mit dem Element, das für die Aussage am wichtigsten ist. Dies muss nicht unbedingt das Subjekt (Frage: „wer oder was?") sein. Oft wird ein Satz durch ein direktes Objekt (Frage: „wen, was?") oder eine Umstandsangabe (Frage: „wie?", „wann?", „wo?" usw.) eingeleitet.

Umgekehrt gibt es im Bretonischen mit einfach gebildeten Zeiten (wie der Gegenwart) für bejahte Aussagen keine völlig neutrale Wortstellung. Dies bedeutet, dass das Element am Satzanfang automatisch hervorgehoben wird (in der deutschen Übersetzung steht es daher ebenfalls am Satzanfang oder aber ist kursiv geschrieben).

direktes Objekt + aᴸ + Verb

Beginnt ein Satz mit dem direkten Objekt, wird die Partikel aᴸ verwendet:

Brezhoneg a gomzan bemdez.
bre'sôônäg (a) gômsân bämdä(ß)
Bretonisch VPᴸ ˈspreche(-ich) täglich
Ich spreche jeden Tag *Bretonisch*.

Umstandsangabe *oder* indirektes Objekt + eᴹ / ec'h* + Verb

Steht eine Umstandsangabe oder ein indirektes Objekt (Frage: „wem?") am Satzanfang, wird aᴸ durch eᴹ / ec'h* ersetzt. Davon abgesehen ändert sich nichts:

Bemdez e komzan brezhoneg.
bämdä(s) (e) kômsân bre'sôônäk
täglich VP spreche(-ich) Bretonisch
Ich spreche *jeden Tag* Bretonisch.

Subjekt + aᴸ + Verb (in der 3. Person)

Beginnt ein Satz hingegen mit dem Subjekt (das dadurch ausdrücklich genannt wird!), kann das Verb, wiederum mit der Partikel aᴸ, nur in der 3. Person Einzahl verwendet werden:

Me a gomz brezhoneg bemdez.
mee (a) gôms bre'sôônäg bämdä(ß)
ich VPᴸ ˈspricht Bretonisch täglich
Ich spreche jeden Tag Bretonisch.

Ausnahmen: Bezañ gebraucht bei vorausgehendem Subjekt die Form zo. Da die Partikel a normalerweise nicht zu hören ist, wird a zo oft zu 'zo (oder zo) ver-

Sprachhistorisch lässt sich diese Merkwürdigkeit als ein obligatorisch gewordener (und längst nicht mehr als solcher erkannter) Relativsatz, und a bzw. e als fallgebeugte Formen des Relativpronomens deuten. Der nebenstehende Satz würde dann letztlich „Bretonisch ist es, das ich spreche" lauten. Und wenn man bedenkt, dass man z. B. im Englischen Relativpronomen weglassen kann („the man I saw"), wundert es auch nicht, dass im gesprochenen Bretonisch die Partikeln oft fehlen (Englisch ist keltisch beeinflusst!).

Faustregel: Die Partikel a wird verwendet, wenn der Satz mit dem Subjekt oder dem direkten Objekt beginnt. In allen anderen Fällen wird die Partikel e gebraucht.

Im Prinzip ist die Wortstellung im Bretonischen relativ frei. Beginnen Sie einfach mit dem Satzteil, das Ihnen am wichtigsten erscheint, und verwenden Sie dann die entsprechende Verbform. Die einzige Regel, die Sie beachten müssen, ist, dass das Verb an zweiter Stelle steht.

kürzt. Kaout verwendet als einziges Verb *immer* gebeugte Verbformen:

Me zo Alaman.
mee so a'lâmân
ich ist Deutscher
Ich bin Deutscher.

Me am eus amzer.
mee (a')møs âmsär
ich VP-mein ist Zeit
Ich habe Zeit.

Da die Form des Verbs bei vorausgehendem Subjekt für alle Personen identisch ist (und die jeweilige Person also nur durch das persönliche Fürwort zum Ausdruck kommt), ist diese Variante natürlich einfacher. Sie sollten jedoch darauf achten, dass die Betonung hier auf dem Subjekt der Handlung, im Beispiel oben also auf Ihnen, liegt. Wollen Sie Ihrem Gesprächspartner lediglich mitteilen, dass Sie aus Deutschland kommen, sagen Sie besser:

Alaman on.
a'lâmân ôn
deutsch bin
Ich bin *Deutscher*.

Hilfsverb *ober* (machen, tun)

Ist Ihnen das zu kompliziert, können Sie die oben beschriebenen Stellungsvarianten aber auch umgehen. Sie brauchen dazu nur das betreffende Verb in der Grundform mit einer gebeugten Form des Hilfsverbs ober oobär *(machen, tun)* zu verwenden.

Grundform + **a**^{L} + (gebeugtes) Hilfsverb **ober**

Komz a ran brezhoneg.
kôms (a) rân bre'sôônäk
sprechen VP tue(-ich) Bretonisch
Ich spreche Bretonisch.

Da bei dieser Wortstellung die Tätigkeit selbst im Mittelpunkt steht, wird die Variante mit ober gern verwendet, wenn ein Satz nur aus Subjekt und Verb besteht und / oder kein anderes Satzglied hervorgehoben werden soll. Wenn Sie also nicht gerade auf eine Frage antworten, sondern einfach etwas sagen möchten (ohne besondere Betonung), können Sie mit dieser Variante nicht viel falsch machen.

Welche Wortstellung Sie jeweils bei der Antwort auf eine Frage verwenden, wird im Kap. „Fragen & Antworten“ erklärt.

Gegenwart			**Zukunft**		
a ran	(a) râân	ich tue	**a rin**	(a) rĩĩn	ich werde tun
a rez	(a) reeß	du tust	**a ri**	(a) rii	du wirst tun
a ra	(a) raa	er / sie / es tut	**a ray / raio**	(a) raj / rajo	er / sie / es wird tun
a reomp	(a) reôm(p)	wir tun	**a raimp**	(a) râjm(p)	wir werden tun
a rit	(a) riit	ihr tut	**a reot / reoc'h**	(a) reòt / reòch	ihr werdet tun
a reont	(a) reôn(t)	sie tun	**a raint**	(a) râjn(t)	sie werden tun

Außer ober, bezañ und kaout gibt es im Bretonischen nur zwei weitere unregelmäßige Verben: gouzout guusut *(wissen)* (s. S. 69) und mont môn(t) *(gehen)* (s. S. 53).

Verlaufsform der Gegenwart

Allerdings kann durch einfache Gegenwartsformen (mit oder ohne ober) nur ein gewohnheitsmäßiges oder regelmäßig wiederkehrendes Geschehen ausgedrückt werden.

Soll zum Ausdruck gebracht werden, dass ein Geschehen noch andauert, wird die Verlaufsform verwendet. Diese wird mit einer situativen Form von bezañ (emaon, emaout usw.), der Partikel o[M] / oc'h* und der Grundform des betreffenden Verbs gebildet (was im Deutschen dem eher umgangssprachlichen „ich bin am Arbeiten“ entspricht), z. B. wie im nächsten Satz:

O labourat emaon.
o la'buurad (e')mâwn
*am Arbeiten bin*SIT
Ich arbeite (gerade).

Eine Besonderheit der situativen Formen ist, dass sie als einzige auch am Satzanfang stehen können. Auf diese Weise wird kein Satzglied betont:

Emañ tad-kozh o kousket.
(e')mââ ta(t)'koos o kußkät
*ist*SIT *Vater-alt am Schlafen*
Großvater schläft (gerade).

Beginnt der Satz jedoch mit dem Subjekt (= Handelnder), wird auch hier die Form zo verwendet:

Tad-kozh zo o kousket.
ta(t)'kooß ßo (o) kußkät
Vater-alt ist am Schlafen
Großvater schläft (gerade).

vollendete Gegenwart

Ein Geschehen, das bereits zum Abschluss gekommen ist, wird wie im Deutschen durch eine Form von „haben" bzw. „sein" und dem Partizip der Vergangenheit ausgedrückt. Um das Partizip zu bilden, wird die Endung der Grundform durch -et ersetzt:

evañ	→	**evet**	eevät	getrunken
debriñ	→	**debret**	deebrät	gegessen
karout	→	**karet**	kaarät	geliebt
labourat	→	**labouret**	labuurät	gearbeitet

Ob die vollendete Gegenwart mit bezañ *(sein)* oder kaout *(haben)* gebildet wird, hängt größtenteils von der Bedeutung des betreffenden Verbs ab. Ähnlich wie im Deutschen verwenden im Großen und Ganzen nur Bewegungsverben (wie „kommen", „gehen" usw.) und Zustandsverben (wie „sein" selbst) das Hilfsverb „sein", die meisten anderen bilden ihre vollendete Gegenwart mit „haben".

Soll kein bestimmtes Satzglied hervorgehoben werden, steht das Partizip vor dem Hilfsverb:

deuet omp
døø(ä)d ôm(p)
gekommen sind(-wir)
wir sind gekommen

debret he deus
deebrät e døß
gegessen ihr ist
sie hat gegessen

Eine einfache Vergangenheit wie im Hochdeutschen („ich sprach", „ich ging" usw.) gibt es im gesprochenen Bretonisch nicht mehr. Geht es um ein Ereignis, das am selben Tag geschehen oder auf andere Weise aktuell ist, behilft sich das Bretonische in der Regel mit den Formen der vollendeten Gegenwart.

Nur bei besonderer Betonung eines anderen Satzglieds wird das Partizip dem Hilfsverb nachgestellt:

D'ar gêr on aet.
dar gäär ôn äät
zu-die^L ˈHeim bin(-ich) gegangen
Ich bin *nach Hause* gegangen.

unregelmäßige Partizipformen

Einige Verben haben unregelmäßige Partizipien der Vergangenheits:

bezañ	→	**bet**	beet	gewesen
gouzout	→	**gouezet**	gweesät	gewusst
ober	→	**graet**	gräät	gemacht, getan
mont	→	**aet**	äät	gegangen
dont	→	**deuet**	døø(ä)t	gekommen

graet e Breizh
gräädd e bräjß
gemacht in Bretagne
hergestellt in der Bretagne

Das Verb kaout, das keine eigene Form besitzt, „leiht“ sich sein Partizip von bezañ. Bet kann daher je nach Zusammenhang nicht nur „gewesen“, sondern auch „gehabt“ (oder sogar „bekommen“) bedeuten:

Ul levr am eus bet.
'ølewr (a')møs beet
ein Buch VP-mein ist gewesen
Ich habe ein Buch bekommen.

Zukunft

Um ein zukünftiges Geschehen wiederzugeben, verwendet das Bretonische gebeugte Verbformen für diese Zeitstufe. Die Endungen sind für alle regelmäßigen Verben gleich.

komz	kômß	sprechen
a gomz-in	-în	ich werde sprechen
a gomz-i	-i	du wirst sprechen
a gomz-o	-o	er / sie / es wird sprechen
a gomz-imp	-îm(p)	wir werden sprechen
a gomz-oc'h	-òch	ihr werdet sprechen
a gomz-int	-în(t)	sie werden sprechen

Er gêr e tebrimp.
er gäär (e) teebrîm(p)
in-die Heim VP[M] [m]essen-werden(-wir)
Wir werden zu Hause essen.

Es gibt aber auch zusammengesetzte Zukunftsformen. Diese werden, ähnlich wie die englische Zukunft mit *going to*, mit dem Verb mont *(gehen)* in der Verlaufsform, dem Verhältniswort da[L] *(zu)* und einem weiteren Verb in der Grundform gebildet:

Im Gegensatz zur einfachen Zukunft drückt die zusammengesetzte Zukunft eher ein unmittelbar bevorstehendes Geschehen aus.

Emaon o vont da sellet ouzh ar skinwel.
(e')mâwn o vôn da ßäläd us ar ßkînwäl
bin^{SIT} *am*^{L} *'Gehen zu sehen gegen der Fernsehen*
Ich werde (gleich) fernsehen.

Das unregelmäßige Verb *mont* (gehen)

Die Formen von mont môn(t) *(gehen)* ähneln denen von ober:

Gegenwart			**Zukunft**		
ez an	(e')sâân	ich gehe	**ez in**	(e')sîîn	ich werde gehen
ez ez	(e')seeß	du gehst	**ez i**	(e')sii	du wirst gehen
ez a	(e')saa	er / sie / es geht	**ez ay / aio**	(e')saj / sajo	er / sie / es wird gehen
ez eomp	(e')seôm(p)	wir gehen	**ez aimp**	(e')sâjm(p)	wir werden gehen
ez it	(e')siit	ihr geht	**ez eot / eoc'h**	(e')seòt / seòch	ihr werdet gehen
ez eont	(e')seôn(t)	sie gehen	**ez aint**	(e')sâjn(t)	sie werden gehen

Verneinen

Um eine Aussage zu verneinen, brauchen Sie nur die jeweilige Verbpartikel durch die doppelte Verneinungspartikel ne^{L} / n'* ... ket zu ersetzen: a gomzan wird zu ne gomzan ket.

Anders als in bejahten Sätzen steht das Verb in verneinten automatisch an erster Stelle!

Komz a ran brezhoneg.
kôms (a) rân bre'sôônäk
sprechen VP tue(-ich) Bretonisch
Ich spreche Bretonisch.

Bara zo.
baara soo
Brot ist
Es gibt Brot.

Verneinen

Ne gomzan ket Brezhoneg.
ne gômsân kee(d) bre'sôônäk
NP^L 'spreche(-ich) nicht Bretonisch
Ich spreche nicht Bretonisch.

N'eus ket bara ken.
nøßke(d) baara kêên
NP'ist nicht Brot mehr
Es ist kein Brot mehr da.

Da zudem *immer* gebeugte Verbformen verwendet werden, spielt es auch keine Rolle, ob das Subjekt (= Handelnder) ausgedrückt wird oder nicht:

Ar baotred ne gomzont ket brezhoneg.
ar bòòträd ne gômsôn kee(d) bre'sôônäk
die^L 'Jungen NP^L 'sprechen nicht Bretonisch
Die Jungen sprechen nicht Bretonisch.

Hauptwörter werden mit dem Eigenschaftswort ebet (e')beet *(kein) verneint, das wie jedes andere Eigenschaftswort dem betreffenden Hauptwort nachgestellt wird:* den *(Mann, Mensch),* den ebet *(kein Mann, kein Mensch).*

Die Umklammerung mit ne ... ket ist sehr flexibel. So können Sie für ket auch den *(niemand)*, netra *(nichts)*, james *(nie)* oder eine Anzahl anderer Wörter mit negativer Bedeutung einsetzen:

N'em eus klevet netra.
nê'møß klääväd ne'traa
NP'mein ist gehört nichts
Ich habe nichts gehört.

Ne welan den.
ne wäälân dêên
NP^L 'sehe(-ich) Mann
Ich sehe niemanden.

ne / n' * ... ket	keet	nicht
ne / n' * ... ken / mui	kêên / müi	nicht mehr
ne / n' * ... kennebeut	kê'neeböt	auch nicht
ne / n' * ... (ne)tra	(ne')traa	nichts
ne / n' * ... den	dêên	niemand
ne / n' * ... gwech ebet	gwäsh (e')beet	nie
ne / n' * ... nemet	ne'mät	nur

Die Partikel ne *braucht dabei nicht unbedingt gesprochen zu werden. Es ist aber kein Fehler,* ne *auch in der Unterhaltung zu verwenden. Es klingt nur etwas gewählter.*

'M eus ket kousket mat.
møß ke(t) kußkä(d) maat
mein-ist nicht geschlafen gut
Ich habe nicht gut geschlafen.

Fragen & Antworten

Wie in den meisten anderen Sprachen wird im Bretonischen zwischen Entscheidungsfragen, die sich mit „ja“ oder „nein“ beantworten lassen, und Ergänzungsfragen unterschieden, die mit einem Fragewort („wer“, „wie“ usw.) gebildet werden.

Fragen mit Fragewort (Ergänzungsfragen)

Mit Ausnahme von piv *(wer)* setzen sich alle Fragewörter aus dem Eigenschaftswort pe[L] *(welcher/-e/-es)* und einem zusätzlichen Hauptwort zusammen: pe + tra *(Sache)* = petra *(was)*, pe + lec'h *(Ort)* = pelec'h *(wo)* usw.

piv?	piw	wer?
pe ... ?	pee	welcher ... ?
peseurt ... ?	pe'ßört	was für ein ... ?
petra?	pe'traa	was?
penaos?	pê'nòòß	wie?
perak?	pe'raak	warum?
pet?	peet	wie viel(e) ... ?
pegement (eo ...)?	pe'gêmän(t)	wie viel (kostet ...) ?
pegeit?	pe'gäjt	wie lange? / wie weit?
pegoulz? / peur?	pe'gulß / pøør	wann?
betek peur?	betäk pøør	bis wann?
abaoe peur?	a'bòwe pøør	seit wann?
pelec'h?	p(e')lää~~ch~~	wo?
da belec'h?	da b(e')lää~~ch~~	wohin?
eus pelec'h?	øß p(e')lää~~ch~~	woher?

Wie im Deutschen steht das Fragewort am Satzanfang. An zweiter Stelle folgt das Verb:

?! Fragen & Antworten

Petra eo an dra-se?
pe'traa ä(w) ân draase
was ist der[L] 'Sache-jener
Was ist das?

Piv zo aze?
piw so aase
wer ist da
Wer ist da?

Wollen Sie die Frage mit einem vollständigen Satz beantworten, beginnen Sie mit dem Satzglied, nach dem gefragt wurde. Im Allgemeinen wird in der Antwort dieselbe Wortstellung verwendet wie in der Frage.

Pelec'h emañ tad-kozh?
p(e')lääch (e')mâ ta(t)kooß
wo ist[SIT] Vater-alt
Wo ist Großvater?

El liorzh emañ.
el liiòrs (e')mââ
in-die Garten ist(-er/sie)[SIT]
Er ist im Garten.

Pe oad out?
pe waad uut
welcher Alter bist
Wie alt bist du?

Ugent on.
üügän(d) ôôn
zwanzig bin
Ich bin zwanzig.

Da das Bretonische keine Fälle besitzt, kann piv *(wer?)* je nach Zusammenhang nicht nur „wer?“, sondern auch „wen?“ od. sogar „wessen?“ bedeuten:

Piv emaout o klask?
piw (e')mòwd o klaßk
wer bist[SIT] am Suchen
Wen suchst du?

Tad-kozh emaon o klask.
ta(t)'koos (e')mâwn o klaßk
Vater-alt bin[SIT] am Suchen
Ich suche Großvater.

Karr piv eo?
kar piw ä(w)
Auto wer ist
Wessen Auto ist das?

Ma c'harr eo.
ma ~~c~~haar ä(w)
mein[A] [a]Auto ist
Das ist mein Auto.

Sie können aber auch mit dem indirekten Objekt („wem?“) nach dem Besitzer fragen. In diesem Fall verwenden Sie piv mit dem Verhältniswort da[L] *(zu)*:

Da biv eo ar c'harr-mañ?
da biw ä(w) ar ~~c~~haarmâ
zu[L] 'wer ist der Auto-dieser
Wem gehört dieses Auto?

Da Alan eo.
da alân ä(w)
zu Alan ist
Es gehört Alan.

Fragen ohne Fragewort (Entscheidungsfragen)

Auch in Entscheidungsfragen unterscheidet sich die Wortstellung nicht von der im entsprechenden Aussagesatz. Entscheidungsfragen sind normalerweise nur dadurch als Frage zu erkennen, dass am Ende die Stimme leicht angehoben wird.

Komz a rit brezhoneg?
kôms (a) rid bre'sôônäk
sprechen VP tut(-ihr) Bretonisch
Sprechen Sie Bretonisch?

Wenn Sie ganz sicher gehen wollen, dass Ihre Frage auch als Frage verstanden wird, können Sie zusätzlich die Partikel (daoust) ha / hag* verwenden:

Daoust ha gallout a ran digeriñ ar prenestr?
dòwßt a galud (a) rân di'geerî ar prêênäßt(r)
(-) FP können VP tue(-ich) öffnen der Fenster
Darf ich das Fenster aufmachen?

Etwas schwieriger ist es, auf eine Entscheidungsfrage zu antworten. Prinzipiell hat das Bretonische zwar eigene Wörter für „ja" und „nein", die Verwendung von ya *(ja)* und nann *(nein)* ist jedoch stärker als im Deutschen davon abhängig, ob die Frage in positiver oder negativer Form gestellt wurde: Während ya wie im Deutschen als positive Antwort auf eine ebenfalls positive Frage verwendet wird, ist die Antwort nann umgekehrt nur bei einer negativen Frage möglich:

N'out ket skuizh?	**Nann.**	**Eo.**
nu(t) ke(t) ßkü̵iiß	nân	ä(w)
NP'bist(-du) nicht müde	*nein*	*ist*
Bist du nicht müde?	Nein.	Doch.

Fragen & Antworten

Um eine positive Frage zu verneinen, müssen Sie das betreffende Verb in verneinter Form kurz wiederholen:

Sur out?	**Ya.**	**N'on ket.**
ßüür ut	jaa	nôn keet
sicher bist	*ja*	*NP'bin nicht*
Bist du sicher?	Ja.	Nein.

Naon 'teus?	**Ya.**	**N'em eus ket.**
nâwn tøß	jaa	(ne')møß keet
Hunger dein-ist	*ja*	*NP'-mein ist nicht*
Hast du Hunger?	Ja.	Nein.

Für alle Verbformen, die nicht mit bezañ oder kaout gebildet werden, wird stattdessen das Hilfsverb ober verwendet:

Labourat a rez kalz?	**Ya.**	**Ne ran ket.**
la'buurad (a')reß kalß	jaa	(ne) rân keet
arbeiten VP tust viel	*ja*	*NP tue(-ich) nicht*
Arbeitest du viel?	Ja.	Nein.

Achten Sie auch darauf, dass Sie das Verb in der richtigen Person und Zeit verwenden:

Dec'h e oac'h e Kemper?	**Ya.**	**Ne oamp ket.**
dääch (e) wach e kêmper	jaa	(ne) wâm(p) keet
gestern VP wart(-ihr) in^{L} 'Quimper	*ja*	*NP waren(-wir) nicht*
Wart ihr gestern in Quimper?	Ja.	Nein.

Falls Ihnen das alles zu kompliziert ist, lassen Sie Verneinungspartikel und Verbform einfach weg und sagen nur ket. Das ist zwar nicht ganz so korrekt, umgangssprachlich aber durchaus akzeptabel.

Auffordern & Verbieten

Die Befehlsform (Imperativ) leitet sich im Bretonischen direkt vom Verbstamm ab. Wenn Sie Ihren Gesprächspartner duzen, brauchen Sie noch nicht einmal eine Endung zu verwenden:

ev!	eef	trink!
lenn!	län	lies!

Für mehrere Personen bzw. für eine Person (oder mehrere), die man siezt, lautet die Endung -it:

ev-	+ **-it**	=	**evit!**		trinkt! / trinken Sie!
lenn-	+ **-it**	=	**lennit!**		lest! / lesen Sie!

Sell 'ta!
ßäl ta
sieh! doch
Schau mal!

Sellit 'ta!
ßälit ta
seht! doch
Seht! / Sehen Sie!

Die Befehlsformen werden in der Wort-für-Wort-Übersetzung durch ein Ausrufezeichen markiert.

Diwall!
diwal
aufpass!
Pass auf!

Diwallit!
di'walit
aufpasst!
Passt auf! / Passen Sie auf!

Ist ihre Aufforderung an eine Gruppe gerichtet, der Sie selbst angehören, lautet sie -omp:

ev-	+ **-omp**	=	**evomp!**	lasst uns trinken!
lenn-	+ **-omp**	=	**lennomp!**	lasst uns lesen!

Deskomp brezhoneg!
deßkôm(b) bre'sôônäk
lernen(-wir)! Bretonisch
Lasst uns Bretonisch lernen!

Auffordern & Verbieten

Um jemanden aufzufordern, etwas nicht zu tun, genügt es, das Verb in der Befehlsform zu verneinen. Anstelle der Partikel ne, die nur in verneinten Aussagen und Fragen vorkommt, wird in Aufforderungen die Partikel na[L] / n'* verwendet.

Na lesit ket an nor digor!
na leesit ked ân noor diigòr
NP! lasst! nicht die Tür offen
Lasst / Lassen Sie die Tür nicht offen!

unregelmäßige Befehlsformen

ober		tun, machen
gra	graa	tu!, mach!
greomp	greôm(p)	lasst uns machen / tun!
grit	grit	tut!, macht!; tun / machen Sie!
mont		gehen
a / kae	aa / kää	geh!
(d)eomp	(d)eôm(p)	lasst uns gehen!
(k)it	(k)it	geht!; gehen Sie!
dont		kommen
deus	døß	komm!
deuomp	døøôm(p)	lasst uns kommen!
deu(i)t	døø(i)t	kommt!; kommen Sie!

Deomp d'ar gêr!
deôm(b) dar gäär
gehen-wir! zu-die[L] 'Heim
Gehen wir nach Hause!

Deus amañ!
døs âmâ
komm! hier
Komm hierher!

Beachten Sie: Die Befehlsformen von bezañ leiten sich regelmäßig vom Verbstamm bez- ab (bez, bezit, bezomp). Kaout, das keine eigenen Befehlsformen besitzt, bedient sich ebenfalls dieser Formen.

Verhältniswörter

Verhältniswörter (Präpositionen) sind im Bretonischen ein Fall für sich. Am wichtigsten sind die so genannten einfachen Verhältniswörter:

a[L] / eus	a / øß	von
e / en*	e / ên	in
da[L]	da	zu, nach
dindan[L]	dîn'dâân	unter
dirak	di'raak	vor *(örtlich)*
dre[L]	dree	durch
dreist	dräjßt	über, über ... hinweg
eget	e'geet	als
evit	e'viit	für
evel	e'väl	wie
etre	e'tree	zwischen
gant	gâ'n(t)	mit
hep	hep	ohne
ouzh	uß	gegen
war[L]	waar	auf

Achtung: Das Verhältniswort e *(in) verschmilzt mit den Formen des bestimmten Artikels (*al, an *und* ar*) zu den kombinierten Formen* el, en *und* er*; das Verhältniswort* da *(zu, nach) wird vor dem bestimmten Artikel zu* d'ar, d'al *und* d'an *verkürzt.*

e ti	**da Roazhon**	**war an daol**
e tii	da rwaa(s)ôn	war ân dòòl
in Haus	*nach Rennes*	*auf die[L] 'Tisch*
im Haus	nach Rennes	auf dem Tisch

er gegin	**el liorzh**	**en ti**	**d'ar gêr**
er geegîn	el liiòrß	ên tii	dar gäär
in-die[L] 'Küche	*in-die Garten*	*in-der Haus*	*zu-die[L] 'Heim*
in der Küche	im Garten	im Haus	nach Hause

Darüber hinaus gibt es eine ganze Reihe von zusammengesetzten Verhältniswörtern, die aus einem einfachen Verhältniswort, insbesondere e oder war, und einem weiteren Element bestehen: e-kichen *(na-*

he bei), e-kreiz *(mitten in),* war-dro *(um ... herum),* war-lerc'h *(nach)* usw.

e-kichen an iliz	**war-dro an ti**
e'kischän ân iiliß	war'droo ân tii
in-Nähe die Kirche	*auf└-╵Runde der Haus*
bei der Kirche	um das Haus herum

Die zusammengesetzten Verhältniswörter werden entweder mit einem Hauptwort oder mit einem besitzanzeigenden Fürwort (anstelle eines persönlichen Fürworts) verwendet. Dieses schiebt sich zwischen das einfache Verhältniswort und den zweiten Bestandteil, der tatsächlich ein Hauptwort ist:

en e gichen	**war hon tro**
ên e gischän	war hôn troo
in seine└ ╵Nähe	*auf unsere Runde*
bei ihm	um uns herum

Einfache Verhältniswörter hingegen verhalten sich in Verbindung mit Fürwörtern wie Verben und werden „gebeugt". Anhand der Endungen, die für diese Beugung verwendet werden, lassen sich im Großen und Ganzen zwei Muster unterscheiden.

Typisch für das erste Muster sind die persönlichen Formen von gant *(mit):*

Auch hier werden in der nebenstehenden Tabelle die Endungen nur der Deutlichkeit halber durch einen Bindestrich von der Grundform des Verhältniswortes abgetrennt.

gant	gân(t)	mit
gan-in	gâ'nîîn	mit mir
gan-it	gâ'niit	mit dir
gant-añ	gântâ	mir ihm
gant-i	gânti	mit ihr
gan-imp / gane-omp	gâ'nîm(p) / gâ'n(e)òm(p)	mit uns
gane-oc'h	gâ'n(e)ò~~ch~~	mit euch
gant-o	gânto	mit ihnen

Tan zo ganit?	**Ar gwir to ganeoch.**
tâân so gâ'niit	ar gwiir so gâ'n(e)òch
Feuer ist mit-dir	*der wahr ist mit-euch*
Hast du mal Feuer?	Sie haben Recht.

Diese Endungen werden auch von da *(zu)* und ouzh *(gegen)* verwendet. Alle übrigen Verhältniswörter werden nach dem folgenden, weniger einheitlichen Muster gebeugt:

evit	e'viit	für	**war**	waar	auf
evid-on	(e')viidôn	für mich	**warn-on**	warnôn	auf mir
evid-out	(e')viidut	für dich	**warn-out**	warnut	auf dir
evit-añ	(e')viitâ	für ihn	**warn-añ**	warnâ	auf ihm
evit-i	(e')viiti	für sie	**warn-i**	warni	auf ihr
evid-omp	(e')viidôm(p)	für uns	**warn-omp**	warnôm(p)	auf uns
evid-oc'h	(e')viidòch	für euch	**warn-oc'h**	warnòch	auf euch
evit-o	(e')viito	für sie	**warn-o**	warno	auf ihnen

Evidout eo.	**Tres fall zo warni.**
(e')viidud ä(w)	träß fal so warni
für-dich ist	*Miene schlecht ist auf-ihr*
Das ist für dich.	Sie schaut böse.

Wie evit funktioniert im übrigen auch eget *(als)*, mit dem in Vergleichen das so genannte Vergleichsobjekt angeschlossen wird.

Koshoc'h eo Nolwenn egedon.
kooßòch ä(w) nòlwän (e')geedôn
älter ist Nolwenn als-ich
Nolwenn ist älter als ich.

Eine besondere Stellung nehmen die Verhältniswörter a *(von)* und da *(zu)* ein, da ihre gebeugten Formen in den meisten Gegenden als Objektformen der persönlichen Fürwörter („mir / mich", „dir /

Die Formen der übrigen Verhältniswörter werden zwar prinzipiell mit denselben Endungen gebildet, oft aber schiebt sich, wie oben bei war, *ein zusätzlicher Mitlaut zwischen Endung und Verhältniswort. Die entsprechenden Tabellen finden Sie in der weiterführenden Literatur.*

dich“ usw.) verwendet werden. Ein indirektes Objekt („mir“, „dir“ usw.) wird überall in der Bretagne mit Hilfe von da ausgedrückt:

Ro ar gazetenn da Alan!	**Ro ar gazetenn dezhañ!**
roo ar ga'seetän da alân	roo ar ga'seetän dee(s)â
gib! die^{L} ^{L}Zeitung zu Alan	*gib! die^{L} ^{L}Zeitung zu-ihm*
Gib Alan die Zeitung!	Gib ihm die Zeitung!

da	da	zu
din	dĩĩn	(zu) mir
dit	diit	(zu) dir
dezhañ	dee(s)â	(zu) ihm
dezhi	dee(s)i	(zu) ihr
dimp / deomp	dîm(p) / d(e)ôm(p)	(zu) uns
deoc'h	d(e)ò~~ch~~	(zu) euch
dezho	dee(s)o	(zu) ihnen

Für den Ausdruck des direkten Objekts („mich“, „dich“ usw.) sind je nach Region verschiedene Systeme in Gebrauch. Im Gwenedeg, und dort v. a. in der Gegend um Lorient, wird ein direktes Objektfürwort mit Hilfe der besitzanzeigenden Fürwörter („mein“, „dein“ usw.) vor (!) der Verbform wiedergegeben:

Ho kwelout a ran.	**Me ho kwel.**
o kwäälud (a) rân	mee o kwäl
euer^{P} ^{P}Sehen PT tue(-ich)	*ich euer^{P} ^{P}sieht*
Ich sehe euch.	*Ich* sehe euch.

Ansonsten ist dieses System, das bis vor einigen hundert Jahren noch überall verwendet wurde, heutzutage nur noch in altertümlichen Liedtexten und in einigen festen Wendungen wie me da gar *(ich liebe dich)* zu finden.

Je weiter Sie nach Westen kommen, desto mehr werden Sie anstelle der besitzanzeigenden Fürwörter die persönlichen Formen des Verhältnisworts a *(von)* zu hören bekommen, die der gebeugten Verbform nachgestellt (!) werden:

Gwelet am eus da vreur.
gwääläd (a')møs da vrøør
gesehen VP-mein ist dein[L] 'Bruder
Ich habe deinen Bruder gesehen.

Gwelet am eus anezhañ.
gwääläd (a')møs (a')nee(s)â
gesehen VP-mein ist von-ihm
Ich habe ihn gesehen.

a / eus	aa / øß	von
ac'hanon	(a'ch)ânôn	von mir, mich
ac'hanout	(a'ch)ânut	von dir, dich
anezhañ	(a')nee(s)â	von ihm, ihn
anezhi	(a')nee(s)i	von ihr, sie
ac'hanomp	(a'ch)ânôm(p)	von uns, uns
ac'hanoc'h	(a'ch)ânòch	von euch, euch
anezho	(a')nee(s)o	von ihnen, sie

Burganlage von Fougères

Müssen, Wollen, Brauchen & Co.

Für die meisten unserer Modalverben sind im Bretonischen feste Wendungen in Gebrauch, die nicht wie „ich muss“ oder „ich will“ persönlich, sondern eher unpersönlich wie „es gefällt mir“, d. h mit dem Verb in der 3. Person gebildet werden.

Müssen & Sollen

Mit dem Verb rankout „rângkut“ *(schulden) werden Sie keine Probleme haben, da es wie im Deutschen persönlich verwendet wird. Mit einem weiteren Verb in der Grundform entspricht es unseren Modalverben „müssen“ und „sollen“.*

- **rankout** + Verb
- **bezañ** (in der 3. Person) **ret da** + Person + Verb

Rankout a ran mont d'ar gêr.
rângkud (a) ran môn dar gäär
*schulden VP tue(-ich) gehen zu-die*ᴸ *'Heim*
Ich muss / soll nach Hause (gehen).

„Bretonischer“ klingt es, „müssen“ in einer unpersönlichen Struktur mit dem Verb bezañ und dem Eigenschaftswort ret reet *(nötig, notwendig)* auszudrücken. Die handelnde Person wird in diesem Fall durch das Verhältniswort da *(zu)* angeschlossen:

Ret eo din mont da brenañ traoù.
reed ä(w) dîîn môn da brênâ trau
*notwendig ist zu-mir gehen zu*ᴸ *'kaufen Dinge*
Ich muss einkaufen gehen.

N'eo ket ret dit.
näke(d) reed diit
NP'ist nicht notwendig zu-dir
Das musst du nicht.

Wenn Sie ausdrücken wollen, dass es eilt, ersetzen Sie ret einfach durch poent pwên(t) *(Zeitpunkt)*:

Poent eo deomp mont kuit.
pwên(d) ä(w) d(e)ôm(b) môn(t) kʉ̈it
Zeitpunkt ist zu-uns gehen weg
Wir müssen jetzt gehen.

Nach diesem Muster werden im Bretonischen viele weitere Wendungen mit bezañ gebildet:

bezañ mat da *sein gut zu*	nichts dagegen haben, etwas zu tun
bezañ gwelloc'h da *sein besser zu*	besser etwas tun
bezañ gwelloc'h gant *sein besser mit*	etwas bevorzugen, etwas lieber tun

Mat eo din mont d'ar fest-noz.
maad ä(w) dĩin môn dar fäß(t)'nooß
gut ist zu-mir gehen zu-der Fest-Nacht
Ich habe nichts dagegen, zum „Fest-Noz" zu gehen.

Ein fest-noz *ist eine Tanzveranstaltung (s. Kap. „Musik & Tanz").*

Gwelloc'h eo dit chom er gêr.
gwälòch ä(w) diit schom er gäär
besser ist zu-dir bleiben in-die[L] *'Heim*
Du bleibst besser zu Hause.

Gwelloc'h eo ganimp mont d'ar sinema.
gwälòch ä(w) gâ'nîm(b) môn dar sĩ'nêma
besser ist mit-uns gehen zu-der Kino
Wir würden lieber ins Kino gehen.

Brauchen

● **kaout ezhomm** (**da**[L] / **d'*** + Verb / **eus** + Hauptwort)

„Brauchen" im Sinne einer inneren Notwendigkeit wird mit dem Verb kaout *(haben)* und dem Hauptwort ezhomm eesôm *(Not, Bedürfnis)* ausgedrückt:

Petra 'peus ezhomm d'ober?
pe'traa pøs eesôm doobär
was dein-ist Not zu'tun
Was musst du tun?

N'en deus ket ezhomm da zont.
nên døß ked eesôm da sôn(t)
VP'sein ist nicht Not zu^{L} 'kommen
Er braucht nicht zu kommen.

Wollen

- **kaout c'hoant** (+ **da^{L} / d'*** + Verb)
- **fellout** (in der 3. Person) **da** + Person (+ Verb)

Um einen Wunsch auszudrücken, müssen Sie das Wort ezhomm nur durch c'hoant ~~eh~~wân(t) *(Wunsch, Lust)* ersetzen, und Sie erhalten:

C'hoant 'm eus da vont d'ar fest-noz.
~~eh~~wân(d) møs da vôn dar fäß(t)'nooß
Wunsch mein ist zu^{L} 'gehen zu-der Fest-Nacht
Ich würde gern / möchte zum „Fest-Noz" gehen.

Das Verb fellout *(wollen) hingegen bevorzugt wiederum die unpersönliche Form:*

Fellout a ra din kousket.
fälud (a) ra dîîn kußkät
wollen VP tut(-es) zu-mir schlafen
Ich will schlafen.

Ne fell ket din sellout ouzh ar skinwel.
ne fäl ke dîîn ßälud us ar ßkînwäl
NP will(-es) nicht zu-mir sehen gegen der Fernsehen
Ich will nicht fernsehen.

Mögen

- **plijout** (in der 3. Person) **da** + Person (+ Verb)

Das Verb plijout pliishut *(gefallen)* bedeutet in Verbindung mit einem weiteren Verb „etwas mögen“ oder „etwas gerne tun“:

Plijout a ra din lenn.	**Ne blij ket din lenn.**
pliishud (a) ra dĩĩn län	ne bliisch ke dĩĩn län
gefallen VP tut zu-mir Lesen	*NP^L 'gefällt nicht Lesen zu-mir*
Ich lese gerne.	Ich lese nicht gerne.

Können

- **gouzout** (für Fähigkeiten)
- **gallout** (für Möglichkeiten)

Für „können“ sind im Bretonischen gleich zwei Verben in Gebrauch: gouzout *und* gallout.

Gouzout a res penaos ober?
guusud (a) reß pê'nòòs oobär
wissen VP tust wie machen
Weißt du, wie das geht?

Die Grundbedeutung von gouzout ist „wissen“. In der Bedeutung „können“ wird gouzout daher nur in Verbindung mit Tätigkeiten verwendet, die man erlernt hat (man kann etwas, weil man „weiß“, wie es geht).

Gouzout a ran blenian̄ ur c'harr.
guusud (a) rân blänjâ ør~~ch~~ar
wissen VP tue(-ich) führen ein Auto
Ich kann Auto fahren.

gouzout	guusut	wissen, können
a ouzon	(a) uusôn	ich weiß
a ouzout	(a) uusut	du weißt
a oar	(a) waar	er/sie weiß
a ouzomp	(a) uusôm(p)	wie wissen
a ouzoc'h	(a) uusò~~ch~~	ihr wisst
a ouzont	(a) uusôn(t)	sie wissen

In der Beugung zeigt gouzout *einige kleinere Unregelmäßigkeiten.*

Gallout wird regelmäßig gebeugt. In Verbindung mit einer Verbpartikel geht allerdings mitunter der Anlaut verloren (so steht wie im nebenstehenden Beispiel hallan statt c'hallan).

Demgegenüber wird mit gallout (oder gellout) ausgedrückt, dass man etwas kann, weil man gerade geistig oder körperlich dazu imstande ist:

N'hallan ket lenn ar banell.
nalân ke(d) län ar bâânäl
NP'kann(-ich) nicht lesen dieᴸ ˈSchild
Ich kann das Schild nicht lesen.

Dürfen

Unser Modalverb „dürfen" wird im Bretonischen ebenfalls durch gallout wiedergegeben:

Gallout a ran butuniñ?
galud (a) rân bü'tûûni
können VP tue(-ich) rauchen
Darf ich rauchen?

Nicht dürfen

Für „nicht dürfen" hingegen wird arabat (verboten, nicht erlaubt) verwendet – gallout heißt verneint „nicht können"!

- **(bezañ) arabat** (**da** + Person) + Verb

Arabat butuniñ!
a'raabad bü'tûûnî
verboten rauchen
Rauchen verboten!

Ist das Verbot an eine bestimmte Person gerichtet, wird diese mit einer gebeugten Form von da ausgedrückt. Sie wird gern anstelle der verneinten – etwas förmlicheren – Befehlsform (na vutun ket) gebraucht.

Arabat (eo) dit butuniñ!
a'raabad (äw) dîîd bü'tûûnî
verboten (ist) zu-dir Rauchen
Du darfst nicht rauchen!

Na vutun ket!
na vüütûn keet
NP!ᴸ ˈrauch! nicht
Rauch nicht!

Bindewörter

Bindewörter (Konjunktionen) werden gebraucht, um Wörter, Satzteile oder ganze Sätze miteinander in Beziehung zu setzen:

Tristan hag Izold	**Ya pe get?**
trißtân ag iisòlt	jaa pe geet
Tristan und Isolde	*ja oder^{L} ˈnicht*
Tristan und Isolde	Ja oder nein?

Beiordnende Bindewörter verbinden zwei gleichwertige Hauptsätze. Die wichtigsten sind:

ha / hag*	a / ag	und
met	mät	aber
pe^{L}	pe	oder
rak	raak	denn

C'hoant am eus da vont d'ar gêr, rak skuizh on.
~~eh~~wân(d) (a')møs da vôn dar gäär rak ßk~~ü~~iis ôn
Wunsch mein ist zu^{L} ˈgehen zu-die^{L} ˈHeim, denn müde bin
Ich möchte nach Hause, denn ich bin müde.

peogwir	päw'gwiir	weil
pa^{L}	pa	wenn, als *(zeitlich)*
mar / ma^{M}	mar / ma	wenn, falls *(Bedingung)*

Unterordnende Bindewörter leiten einen abhängigen Nebensatz ein.

Mit ma lassen sich viele weitere Bindewörter bilden:

abaoe ma	a'bòwe ma	seitdem
e-keit ma	e'käid ma	während
endra ma	ên'draa ma	während, wohingegen
evit ma	e'viid ma	damit
daoust ma	dòwßt ma	obwohl

Nach pa *(wenn, als)* und ma *(wenn, falls)* folgt das Verb ohne Partikel unmittelbar auf das jeweilige Bindewort:

Kemer un tamm kouign, ma fell dit.
kêmär 'øntâm kwĩĩnj ma fäl diit
nimm! ein Stück Kuchen wenn will zu-dir
Nimm dir ein Stück Kuchen, wenn du willst.

Nach peogwir *(weil)* muss zusätzlich die Verbpartikel e^{M} / ec'h* verwendet werden:

„weil“: **peogwir** + **e^{M} / ec'h*** + Verb

Aet on d'ar gêr, peogwir e oan skuizh.
ääd ôn dar gäär päw'gwiir (e) wân ßkʉ̈iiß
gegangen bin zu-die Heim weil VP war(-ich) müde
Ich bin nach Hause gegangen, weil ich müde war.

indirekte Rede / Frage

e^{M} / ec'h* wird ebenfalls gebraucht, um einen Nebensatz in indirekter Rede einzuleiten.

indirekte Rede („dass“): **e^{M} / ec'h*** + Verb

Ne gredan ket e teuio.
ne greedân keed (e) tøjo
NP^{L} ^{l}glaube(-ich) nicht VP^{M} ^{m}kommen-wird(-er/sie)
Ich glaube nicht, dass er / sie kommen wird.

indirekte Frage („ob“): **hag-eñ** + **e^{M} / ec'h*** + Verb

Eine indirekte Frage wird zusätzlich durch das Bindewort ha *bzw.* hag-eñ *(ob) eingeleitet.*

Gouzout a rit hag-eñ e teuio?
guusud (a) rit a'gê (e) tøjo
wissen VP tut(-ihr) ob VP^{M} ^{m}kommen-wird(-er/sie)
Wissen Sie, ober er / sie kommen wird?

Zahlen & Zählen

Bei den Zahlwörtern von 2 bis 4 werden männliche und weibliche Formen unterschieden. Zum Zählen werden nur die männlichen verwendet.

Grundzahlen von 0 bis 20

0	**mann**	mân			
1	**unan**	ûûnân	11	**unnek**	ünäk
2	**daou**[L] *(m)*	dòw	12	**daouzek**	dòwsek
	div[L] *(w)*	diw			
3	**tri**[A] *(m)*	trii	13	**trizek**	triisek
	teir[A] *(w)*	täjr			
4	**pevar**[A] *(m)*	päävar	14	**pevarzek**	pä'varsek
	peder[A] *(w)*	peedär			
5	**pemp**	päm(p)	15	**pemzek**	pämsek
6	**c'hwec'h**	~~ch~~wää~~ch~~	16	**c'hwezek**	~~ch~~weesek
7	**seizh**	ßäjß	17	**seitek**	ßäjtek
8	**eizh**	äjß	18	**triwec'h**	triwä~~ch~~
9	**nav**[A]	naw	19	**naontek**	nâwntek
10	**dek**	deek	20	**ugent**	üügän(t)

Ab 11 werden alle Zahlen auf der Basis von 10 (dek) gebildet, das in zum Teil lautlich veränderter Gestalt einfach an den jeweiligen Einer angehängt wird. Die einzige Ausnahme bildet triwec'h (18), das wörtlich „drei-sechs" (3 x 6) bedeutet.

von 20 bis 100

Zwischen 20 und 100 hingegen hat sich das Dezimalsystem nur ansatzweise durchgesetzt. So wird für 30 zwar das Zahlwort tregont verwendet, und 50 lautet hanter-kant, wörtlich also „halb-hundert" (50 : 2) bedeutet, es wird jedoch ansonsten in Zwanzigerschritten gezählt: ugent (20 = 1 x 20), daou-ugent (40 = 2 x 20), tri-ugent (60 = 3 x 20) und pevar-ugent (80 = 4 x 20). Auch die Zahlen 70 und 90 fügen sich als dek ha tri-ugent (70 = 10 + 3 x 20) und dek ha pevar-ugent (90 = 10 + 4 x 20) in dieses System ein.

30	**tregont**	treegôn(t)
40	**daou-ugent**	dòw'üügän(t)
50	**hanter-kant**	hântär'kân(t)
60	**tri-ugent**	tri'üügän(t)
70	**dek ha tri-ugent**	deek a tri'üügän(t)
80	**pevar-ugent**	päva'rüügän(t)
90	**dek ha pevar-ugent**	deek a päva'rüügän(t)
100	**kant**	kân(t)

Von 21 bis 29 werden Einer und Zehner mit Hilfe des Verhältniswortes war *(auf) verbunden.*

21	**unan warn-ugent**	ûûnân war'nüügän(t)
22	**daou warn-ugent**	dòwar'nüügän(t)
	usw.	
29	**nav warn-ugent**	nawar'nüügän(t)

Ab 31 wird das Bindewort ha *(und) gebraucht.*

31	**unan ha tregont**	ûûnân a treegôn(t)
32	**daou ha tregont**	dòw a treegôn(t)

tri ha hanter-kant
trii a hântär'kân(t)
drei und halb-hundert
dreiundfünfzig
= 3 + (100 : 2)

triwec'h ha pevar-ugent
triwä~~ch~~a päva'rüügän(t)
dreisechs und vier-zwanzig
achtundneunzig
= (3 x 6) + (4 x 20)

Für alle übrigen Zahlen brauchen Sie nur die betreffende Buchseite nachzuschlagen.

ab 100

Hunderter werden mit den männlichen Zahlwörtern vor der Zahl kant *(hundert) gebildet:*

200	**daou c'hant**	dòwchân(t)
300	**tri c'hant**	trii~~ch~~ân(t)
400	**pevar c'hant**	pe'vaar~~ch~~ân(t)
500	**pemp kant**	pämkân(t)
600	**c'hwec'h kant**	~~ch~~wä~~ch~~kân(t)
700	**seizh kant**	ßäjßkân(t)
800	**eizh kant**	äißkân(t)
900	**nav c'hant**	nawe~~ch~~ân(t)
1000	**mil**	miil

Alle Zahlen, die kleiner sind als 100, werden wie im Deutschen erst nach dem Hunderter genannt, ein Hunderter erst nach dem Tausender usw.

101	**kant unan**	kân(d) ûûnân
120	**kant ugent**	kân(d) üügän(t)
1101	**mil kant unan**	miil kân(d) ûûnân

Bei den Jahreszahlen gibt es für die Jahre bis zur Jahrtausendwende zwei Ausdrucksvarianten. Für die Jahre ab 2000 wird es dann wieder eindeutiger:

naontek kant triwech ha pevar-ugent
nâwntek kân triwä~~ch~~ a päva'rüügän(t)
neunzehn hundert drei-sechs und vier-zwanzig
neunzehnhundertachtundneunzig (1998)

mil nav c'hant triwech ha pevar-ugent
miil naw~~ch~~ân triwä~~ch~~ a päva'rüügän(t)
tausend neun^{A} ^{a}*hundert dreisechs und vier-zwanzig*
neunzehnhundertachtundneunzig (1998)

daou vil c'hwec'h
'dòwvil ~~ch~~wää~~ch~~
zwei^{L} ^{l}*tausend sechs*
zweitausendsechs (2006)

1.000.000	**milion**	mi'liiôn
1.000.000.000	**miliard**	mi'liiart

Ursprünglich wurde sogar bis 380 (= 19 x 20) in Zwanzigerschritten gezählt. Wundern Sie sich also nicht über Zahlen wie chwech-ugent *(120 = 6 x 20) oder* seizh-ugent *(140 = 7 x 20), die bisweilen noch für* kant ugent *und* kant daou-ugent *benutzt werden.*

Zählen

Sieht man von mann *(Null)* und unan *(eins)* ab, werden alle Grundzahlen auch zum Zählen von Personen und Gegenständen gebraucht. Statt mann wird das Eigenschaftswort ebet *(kein/-e)* verwendet, unan wird je nach Anlaut des Folgewortes durch Formen

Wie nach dem Fragewort pet *(s. o.) werden Hauptwörter beim Zählen immer nur in der Einzahl verwendet! Nur nach* milion *(Million) und* miliard *(Milliarde) wird das betreffende Hauptwort in der Mehrzahl gebraucht und mit dem Verhältniswort* a^L^ *(von) angeschlossen.*

ersetzt, die mit dem unbestimmten Artikel identisch sind (ul, un oder ur):

Pet paotr?	**Unan.**	*aber:*	**Ur paotr.**
peet pòt(r)	ûûnân		'ørpòt(r)
wie-viel Junge	*eins*		*ein Junge*
Wie viele Jungen?	Einer.		Ein Junge.

ur miliard a dud
ør mi'liiard (a) düüt
eine Milliarde von^L^ ^I^Menschen
eine Milliarde Menschen

Für „zwei", „drei" und „vier" wird je nach Geschlecht des Hauptworts die männliche oder die weibliche Form gebraucht. Dabei wird das betreffende Hauptwort nach daou *(m)* und div *(w)* leniert, nach tri *(m)* / teir *(w)* und pevar *(m)* / peder *(w)* hingegen behaucht:

Wie der unbestimmte Artikel ziehen auch Zahlwörter vor einsilbigen Hauptwörtern den Akzent auf sich.

	ti tii *(Haus)*		**kador** kaadòr *(Stuhl)*	
unan	**un ti**	'ønti	**ur gador**	ør 'gaadòr
daou	**daou di**	'dòwdi	**div gador**	diw 'gaadòr
tri	**tri zi**	'triizi	**tri c'hador**	trii 'chaadòr
pevar	**pevar zi**	pe'varzi	**peder c'hador**	peedär 'chaadòr
pemp	**pemp ti**	'pämti	**pemp kador**	päm(p) 'kaadòr

Ab dem Zahlwort pemp *(fünf)* brauchen Sie nur noch bei nav^A^ *(neun)* auf eventuelle Mutationen (Behauchung) zu achten: nav zi, nav c'hador.

Und noch eine Besonderheit: Bei zusammengesetzten Zahlen wird das Hauptwort jeweils schon nach dem Einer genannt (und nicht wie im Deutschen erst nach der ganzen Zahl):

eizh euro	**eizh euro ha daou-ugent**
'äjsøro	'äjsøro a dòw'üügän(t)
acht Euro	*acht Euro und zwei-zwanzig*
acht Euro	achtundvierzig Euro

Ordnungszahlen

$1^{\text{añ}}$	**kentañ**	kêntâ	erster, erste, erstes
2^{l}	**eil**	äjl	zweiter, -e, -es
3^{de}	**trede**	treede	dritter, -e, -es
4re	**pevare**	pä'vaare	vierter, -e, -es
5^{vet}	**pempvet**	pemvät	fünfter, -e, -es
6^{vet}	**c'hwec'hvet**	~~ch~~wächvät	sechster, -e, -es
7^{vet}	**seizhvet**	ßäisvät	siebter, -e, -es (usw.)
100^{vet}	**kanvet**	kânvät	hundertster, -e, -es
1000^{vet}	**milvet**	miilvät	tausendster, -e, es

Innerhalb der Ordnungszahlen haben nur die ersten vier Zahlen Sonderformen. Alle übrigen werden regelmäßig mit der Endung -vet *gebildet.*

Da Ordnungszahlen mit dem bestimmten Artikel stehen, werden sie im Anlaut nach denselben Regeln verändert wie männliche oder weibliche Hauptwörter:

ar c'hentañ	*aber:*	**ar gentañ**
ar ~~ch~~êntâ		ar gêntâ
der^{A} ^{a}*erste*		*die*^{L} ^{l}*erste*
der erste		die erste

an unanvet (gweladenner) warn-ugent
ân ûûnânväd gwäla'dänär war'nüügän(t)
der einste (Besucher) auf-zwanzig
der einundzwanzigste (Besucher)

an eil (gweladenner) warn-ugent
ân äjl gwäla'dänär war'nüügän(t)
der zweite (Besucher) und zwanzig
der zweiundzwanzigste (Besucher)

Beachten Sie: Für die jeweils erste Zahl nach einem Zehner (21., 31. usw.) wird statt kentañ *eher die regelmäßig von* unan *(eins) abgeleitete Form* unanvet *verwendet.*

© MP

Zweisprachige Straßenschilder

Kurz-Knigge

Auch wenn die Sprache fremd klingt, ist die Bretagne nicht aus der Welt. Vieles ist wie bei uns oder verhält sich so, wie Sie es vielleicht von anderen Aufenthalten in Frankreich gewohnt sind. Es gibt allerdings ein paar Kleinigkeiten, auf die Sie im Umgang mit den Einheimischen achten sollten.

Wie überall in Frankreich wird auch in der Bretagne sehr viel Wert auf **Höflichkeit** gelegt. Allgemein ist man im Umgang miteinander sehr viel förmlicher als bei uns: Älteren Menschen gegenüber zeigt man **Respekt,** Damen hält man die Tür auf und lässt Ihnen den Vortritt (oder man entschuldigt sich kurz, wenn man selbst vorausgeht).

Pünktlichkeit hingegen ist nicht die Stärke der Bretonen. Bei privaten Verabredungen kommt man schon mal eine Viertelstunde später (nur bei geschäftlichen Anlässen ist man pünktlich!).

Die Bretonen sind stolz auf ihre keltischen Wurzeln. Dieses Selbstbewusstsein, in den 1970er-Jahren durch die Renaissance der Musik- und Tanzkultur angefacht, erfasst heute mehr und mehr auch die bretonische Sprache, die lange als minderwertig galt und daher nur im häuslichen Bereich verwendet wurde. Heute sind 85 % der Bretonen für den Erhalt der Sprache und begrüßen deren Öffnung für Bereiche des öffentlichen Lebens.

Namen & Anrede

Keltische Vornamen sind heute in der Bretagne beliebter denn je. Jungen heißen nicht selten Brieg, Erwan oder Ronan, Mädchen Gwenola, Nolwenn oder Riwanon. Daneben gibt es auch bretonische Versionen französischer Namen, wie Alan (*Alain*), Fañch (*François*), Jakez (*Jacques*), Paol (*Paul*), Pêr (*Pierre*) und Yann (*Jean*) für Jungen, oder Anna (*Anne*), Chan (*Jeanne*), Katell (*Cathérine*) und Soazig (*Françoise*) für Mädchen.

Familienamen enden im Bretonischen typischerweise auf -eg (*-ec* in französischer Schreibung): Lagadeg, Penneg, Skouarneg. Im Léon war eine Zeit lang auch die keltische Bildung mit der Vorsilbe Ab- (von mab „Sohn") in Gebrauch: Abguillerm *(Sohn von Wilhelm)*.

Die Namensregelung für Nachnamen ist wie in Frankreich bzw. in den meisten Ländern Europas.

Petra eo da / hoc'h anv?	**Brieg eo ma anv.**
pe'traa ä(w) da / òch ânw	briiäg ä(w) ma ânw
was ist dein / euer Name	*Brieuc ist mein Name*
Wie ist dein / Ihr Name?	Ich heiße Brieuc.

anv-bihan	ânw'biiân	Vorname
anv-bras	ânw'braaß	Nachname

Bei der Anrede sagt man nach französischem Vorbild Aotrou *(Herr)*, Itron *(Frau)* oder Dimezell *(Fräulein)*. Oft allerdings nennt man sich auch einfach beim Vornamen. Dies bedeutet aber nicht, dass automatisch auch geduzt wird. Im Süden, um die Städte Lorient und Quimper, wird im Allgemeinen sogar nur die Form c'hwi verwendet (te ist dort praktisch unbekannt). In anderen Gegenden duzen sich Männer oft nur untereinander, während Frauen, egal welchen Alters, gesiezt werden (und sich auch gegenseitig siezen!).

Wenn Sie sich unsicher sind, empfiehlt es sich, Fremde in jedem Fall zu siezen, bis einem das „Du" angeboten wird. Jüngere Leute untereinander sehen das allerdings nicht mehr so eng und duzen sich heute eher.

Kit dre „te" ganin!
ki(d) dre tee gâ'nĩĩn
geht! bei du mit-mir
Sagen Sie „du" zu mir!

Begrüßen & Verabschieden

Unter Freunden und guten Bekannten begrüßt man sich wie überall in Frankreich mit einem Küsschen auf die Wange. Männer untereinander geben sich die Hand (nur engen Verwandten gibt „Mann" bisweilen ebenfalls ein Küsschen). Aus Gründen der Höflichkeit werden erst die Frauen, dann die Männer, erst die älteren, dann die jüngeren Personen begrüßt: ar vamm da gentañ, ar verc'h da c'houde *(erst die Mutter, dann die Tochter).*

Begrüßen

Für „Guten Tag" sagt man im Bretonischen demat oder auch boñjour (wie im Französischen). Entsprechend sagt man noz vat, wenn man sich am Abend trifft. Damit es persönlicher klingt, wird meist noch ein kurzes dit *(zu-dir)* oder deoc'h *(zu-euch)* hinzugefügt.

Demat dit / deoc'h.
de'maa(d) diit / d(e)ò~~ch~~
Tag-gut zu-dir / zu-euch
Guten Tag.

Noz vat.
nòs vaat
Nacht[L] ˈgut
Guten Abend.

Junge Leute begrüßen sich ähnlich wie im Französischen mit salud (dit / deoc'h).

Salud dit, Annaig.
ßa'lüü(d) diit â'naik
Salut zu-dir Anna
Grüß dich, Anna.

Petra nevez ganit?
pe'traa neevä(ß) gâ'niit
was neu mit-dir
Was gibt's Neues?

Penaos 'mañ ar bed ganit / ganeoc'h?
pê'nòòs mâ (a)r beed gâ'niit / gâ'n(e)ò~~ch~~
wie ist[SIT] die Welt mit-dir / mit-euch
Wie geht es dir / Ihnen?

Mont a ra mat (ganit / ganeoc'h)?
môn(d) (a) ra maad ga'nîît / gâ'n(e)ò~~ch~~
gehen VP tut(-es) gut (mit-dir / mit-euch)
Geht es (dir / Ihnen) gut?

Vorsicht: Eine solche Frage ist eher floskelhaft zu verstehen. Es wird nicht erwartet, dass Sie ehrlich darauf antworten. Am besten stellen Sie einfach eine Gegenfrage:

Wie viele Küsschen getauscht werden, variiert in Frankreich von Region zu Region. In der Bretagne sind es gewöhnlich drei. Um nicht in ein Fettnäpfchen zu treten, sollten Sie darauf achten, den Kuss nur leicht anzudeuten: die Wangen des Gegenübers werden nämlich kaum berührt!

Ya, mont a ra mat (ganin).
jaa môn(d) (a) ra maad ga'nĩĩn
ja, gehen VP tut(-es) gut (mit-mir)
Ja, mir geht's gut.

Ha ganit / ganeoc'h?
a gâ'nĩĩt / gâ'n(e)ò~~ch~~
und mit-dir / mit-euch
Und dir / Ihnen?

fall-spontus	fal'ßpôntüß	mies
fall	fal	schlecht
evelseik	eväl'ßeeik	so la la
derc'hel da vont	därchäl da vôn(t)	es geht so
mat	maat	gut
mat a-walc'h	maada'wa(la)~~ch~~	ganz gut
mat-kaer, mat-tre	ma(t)'keer, ma'tree	sehr gut
dispar	dißpar	prima
eus ar c'hentañ	øs ar ~~ch~~ êntâ	bestens

Mat ar jeu / an traoù?
maad ar shøø / ân trau
gut der Spiel / die Dinge
Alles klar?

Penaos 'mañ kont?
pê'nòòs mâ kôn(t)
wie ist^{SIT} Stand
Wie steht's?

Des Reimes wegen antwortet man auf Penaos 'mañ kont? meist mit: ... etre karrez ha ront *(zwischen eckig und rund).*

Verabschieden

Zum Abschied sagt man allgemein kenavo (lokale Varianten sind kenavezo, kenô, ken').

Kenavo.	**Emaon o vont d'ar gêr.**
kêna'voo	(e')mâwn o vôn(d) dar gäär
bis-VP-wird-sein	*bin*^{SIT} *am*^{L} *ˈGehen zu'die*^{L} *ˈHeim*
Tschüss./ Auf Wiedersehen.	Ich geh' dann mal.

Ken bremaik.	kên brê'maik	Bis bald.
Ken arc'hoazh.	kên ar'chwaaß	Bis morgen.
Ken ar c'hentañ. *bis der*^{A} ^{a}*erste*	kên ar ~~eh~~êntâ	Bis demnächst.
Ken ar wech-all. *bis die*^{L} *ˈMal-andere*	kên ar wä'shal	Bis nächstes Mal.

Das erste Gespräch

Ihr erstes Gespräch mit einem Bretonisch-Sprecher könnte wie folgt verlaufen:

Die Namen von Ländern und Nationalitäten werden großgeschrieben.

Piv out-te / oc'h-c'hwi?	**Norgard on-me.**
piw u(t)'tee / ò(~~eh~~')~~eh~~wi	noorgard ô(m) 'mee
wer bist / seid(-ihr)	*Norgard bin*
Wer bist du / sind Sie?	Ich bin Norgard.

Eus pelec'h out / oc'h?	**Eus Alamagn on.**
øß p(e')lääch uet / òò~~eh~~	øs a'lâmânj ôn
von wo bist / seid(-ihr)	*aus Deutschland bin*
Woher kommst du / kommen Sie?	Ich komme aus Deutschland.

Alamagn *(m)*	a'lâmânj	Deutschland
Aostria *(m)*	ò'ßtriia	Österreich
Suis *(m)*	ßüiß	Schweiz
Breizh *(m)*	bräjß	Bretagne
Bro-C'hall *(m)*	bro'chal	Frankreich

Nach der Revolution von 1789 wurden die bretonischen Bistümer in Departements eingeteilt (vgl. Kap. „Geographische Begriffe").

Petra emaout / emaoc'h oc'h ober dre amañ?
pe'traa (e')mòwd / (e')mawch òch oobär dre 'âmâ
was bist[SIT] */ seid(-ihr)*[SIT] *am Machen bei hier*
Was machst du / machen Sie hier (in der Gegend)?

E vakañsoù emaon.
e va'kâßu (e')mâwn
in Ferien bin[SIT]
Ich mache Ferien.

Ha te / c'hwi?
a tee / chwii
und du / ihr
Und du / Sie?

Emaon o labourat e Naoned.
(e')mâwn o la'buurad e nâwnät
bin[SIT] *am Arbeiten in Nantes*
Ich arbeite in Nantes.

Petra eo da vicher?
pe'traa ä(w) da vischär
was ist deine[L] *'Beruf*
Was ist dein Beruf?

Poliser eo ma micher.
po'lißär ä(w) ma mischär
Polizist ist meine Beruf
Ich bin Polizist.

Kelenner on.
ke'länär ôôn
Lehrer bin
Ich bin Lehrer.

Berufe

aferour *(m)*	a'färur	Geschäftsmann
baraer *(m)*	ba'raär	Bäcker
beleg *(m)* [*Mz* **beleien**]	bääläk	Pfarrer
kazetenner *(m)*	kase'tänär	Journalist
gwerzher *(m)*	gwärsär	Verkäufer

Das erste Gespräch

Für die weibliche Variante brauchen Sie jeweils nur die Endung -ez *hinzuzufügen:* sekretour + -ez = sekretourez, skoliad + -ez = skoliadez. *Wenn nicht anders angegeben, enden Berufsbezeichnungen in der Mehrzahl auf* -ien: sekretourien, sekretourezien.

implijad *(m)* [*Mz* **implijidi**]	îm'pliishat	Angestellter
labourer *(m)*	la'buurär	Arbeiter
dilabour	di'laabur	arbeitslos
kouer *(m)*	kweer	Bauer
kargad *(m)* [*Mz* **kargidi**]	kargat	Beamter
artizan *(m)* [*Mz* **-ed**]	ar'tiisân	Handwerker
grweg an ti *(w)* *Frau der Haus*	grweeg ân tii	Hausfrau
ijinour *(m)*	i'shiinur	Ingenieur
keginer *(m)*	ke'gîinär	Koch
klañvdiour *(m)*	klâw'diur	Krankenpfleger
skolaer *(m)*	ßko'läär	(Grundschul-) Lehrer
kelenner *(m)*	ke'länär	Lehrer, Professor
retredad *(m)* [*Mz* **retredidi**]	re'treedat	Rentner
skrivagner *(m)*	ßkri'vânjär	Schriftsteller
skoliad *(m)* [*Mz* **skolidi**]	ßkoljat	Schüler
sekretour *(m)*	ße'kretur	Sekretär
studier *(m)*	ßtü'diär	Student

Pelec'h emaout / emaoc'h o chom?
p(e')lääch (e')mòwd / (e')mòwch o schom
wo bist^{SIT} / *seid(-ihr)*^{SIT} *am Bleiben*
Wo wohnst du / wohnen Sie?

E Roazhon emaon o chom.
e rwa(s)ôn (e')mâwn o schom
in Rennes bin^{SIT} *am Bleiben*
Ich wohne in Rennes.

Cap Frehel

Ti ur mignon / En ostaleri „An Arvor“ emaon o lojañ.
tii ør minjôn / ên oßta'leeri ân arvor (e')mâwn o looshâ
*Haus ein Freund / in-die Gasthaus „An Arvor“ bin*SIT *am Logieren*
Ich bin bei einem Freund / im Hotel „An Arvor“ untergebracht.

Ar wech kentañ eo dit / deoc'h bezañ e Breizh?
ar wäsch kêntâ ä(w) dit / d(e)òeh be(s)â e bräjß
die Mal erste ist zu-dir / zu-euch sein in Bretagne
Bist du / Sind Sie zum ersten Mal in der Bretagne?

Das erste Gespräch

Ha plijout a ra dit / deoc'h?
a pliishud (a) ra diit / d(e)ò~~ch~~
FP gefallen VP tut(-es) zu-dir / zu-euch
Gefällt es dir / Ihnen?

Ya 'vat, brav eo din amañ.
jaa vat braw ä(w) dîîn âmâ
ja doch schön ist(-es) zu-mir hier
Aber ja, ich finde es schön hier.

Da von Touristen nicht erwartet wird, dass sie Bretonisch sprechen, wird es nicht lange dauern, bis das Gespräch auf Ihre Sprachkenntnisse kommt.

A, c'hwi a oar brezhoneg!
aa ~~ch~~wi (a) waar bre'sôônäk
oh ihr VP weiß Bretonisch
Oh, Sie können Bretonisch!

Ya, un tammig.
ja øn tâmik
ja ein Stückchen
Ja, ein wenig.

Brezhoneg mat zo ganeoc'h.
bre'sôônäg maad so gâ'n(e)ò~~ch~~
Bretonisch gut ist mit-euch
Sie sprechen gut Bretonisch.

Trugarez vras.
trü'gaare(ß) vraaß
Dank^{L} ^{l}*groß*
Vielen Dank.

O teskiñ emaon hepken.
o täßkî (e')mâwn hep'kêên
am^{M} ^{m}*Lernen bin*^{SIT} *nur*
Ich bin Anfänger.

Ober a ran kalz fazioù.
oobär (a) rân kalß fa'siu
machen VP tue(-ich) viel Fehler
Ich mache viele Fehler.

Bitten, Danken, Sich Entschuldigen

Umgangsformen werden in der Bretagne groß geschrieben: Bretonen bitten einander häufiger um Erlaubnis oder Entschuldigung und bedanken sich auch öfter als wir.

Bitten & Danken

Für „bitte" im Sinne einer Aufforderung sagt man mar plij, gegebenenfalls mit dem Zusatz ganit *(mit-dir)* bzw. ganeoc'h *(mit-euch)*. Beim Überreichen sagt man dal *(nimm)* bzw. dalit *(nehmt)*, je nachdem ob man die betreffende Person duzt oder siezt:

Ur banne kafe 'm bo, mar plij (ganeoc'h).
ør bâne kafe moo mar pliisch gâ'n(e)ò~~ch~~
ein Schluck Kaffee mein wird-sein wenn beliebt (mit-euch)
Ich hätte gern einen Kaffee, bitte.

Dalit (mar plij).
daalit mar pliisch
nehmt! (wenn beliebt)
Bitte schön.

Trugarez vras (deoc'h).
trü'gaare(ß) vraas d(e)ò~~ch~~
Dank[L] ˈgroß (zu-euch)
Vielen Dank.

„Danke" heißt trugarez. *Viele Bretonen, v. a. die Muttersprachler, sagen aber auch* mersi *(also wie Französisch),* mersi bras *oder* bennozh *(Kurzform von* bennozh Doue *„Gottes Segen").*

Mil bennozh (dit / deoc'h).
miil bänòs diit / d(e)ò~~ch~~
tausend Segen (zu-dir / zu-euch)
Tausend Dank.

N'eo mann ebet.
nä(w) mân (e')beet
NP'ist null kein
Keine Ursache.

N'eo netra.
nä(w) ne'traa
NP'ist nichts
Gern geschehen.

Um Entschuldigung bitten

Sehr höflich klingen folgende Wendungen:

Ma digarezit!
ma diga'reesit
mein entschuldigt!
Verzeihen Sie!

Digarezit (ac'hanon)!
diga'reesid (a'ch)ânôn
entschuldigt! (von-mir)
Verzeihen Sie!

Die erste Variante wirkt durch die Verwendung des vorangestellten Fürwortes sogar noch etwas förmlicher. Nach französischem Vorbild *(excusez-moi)* sagt man aber auch:

Auf Iskuzit *wird man Ihnen ebenfalls mit* Netra! *oder* Mann ebet! *antworten, was in diesem Zusammenhang so viel wie „macht nichts" oder „schon gut" bedeutet.*

Iskuzit (ac'hanon)!
iß'kuusid (a'ch)ânôn
entschuldigt! (mich)
Entschuldigen Sie!

Beide Verben, digareziñ und iskuziñ, können Sie auch verwenden, wenn Sie auf sich aufmerksam machen wollen:

Digarezit, pegement eo evit mont e-barzh?
diga'reesit pe'gêmän(d) ä(w) (e)vid môn(d) (e')barß
entschuldigt! wie-viel ist für gehen herein
Entschuldigen Sie bitte, wie viel kostet der Eintritt?

Um Erlaubnis bitten

Mat eo deoc'h?	**Ya, evel-just!**
maad ä(w) d(e)ò~~ch~~	jaa (e)väl'shüßt
gut ist zu-euch	*ja natürlich*
Darf ich?	Ja, selbstverständlich.

Floskeln & Redewendungen

Auch wenn Sie nach der Lektüre dieses Buches noch nicht in der Lage sind, ein langes Gespräch zu führen, können Sie mit Hilfe der unten aufgeführten Beispiele doch zumindest hin und wieder eine Bemerkung einstreuen.

Lavar din, ...	laavar dĩin	Sag mal, ...
Soñj 'ta!	ßôôsch ta	Denk dir nur!
Gwir?	gwiir	Echt?, Wirklich?
Pa lavaran dit. *wenn sage(-ich) zu-dir*	pa la'vaarân diit	Wenn ich's dir sage!
Gwir eo.	gwiir ä(w)	Stimmt!
Re wir! *zu[L] ˈwahr*	re wiir	Genau!
Grik!	grik	Psst!
A gav dit? *VP[L] ˈfindet zu-dir*	(a) gaw diit	Findest du?
... neketa?	ne'keta	... , nicht wahr?
Sur a-walc'h! *sicher genug*	ßüür a'wa(la)~~ch~~	Ganz bestimmt!
Ac'hanta.	a'chânta	Hmm ... , Also ...

Floskeln & Redewendungen

Ar gwir zo ganeoc'h.
ar gwiir so gâ'n(e)ò~~ch~~
der wahr ist mit-euch
Da haben Sie Recht.

N'eo ket gwir tamm ebet!
näke(d) gwiir tâm (e')beet
NP'ist nicht wahr Stück kein
Das stimmt überhaupt nicht!

N'eo ket posubl!	näke(t) 'poßüp(l)	Nicht möglich!
NP'ist nicht möglich		
Ma Doue!	ma duue	Oh Gott!, Herrje!
Feizh!	fäj(ß)	Wahrhaftig!
Biskoazh kemend-all!	biß'kwaaß kêmän'dal	Unglaublich!, Unerhört!
(noch-)nie dergleichen		
Sell 'ta.	ßäl ta	Schau an!
Dreist!	dräjßt	Klasse!, Prima!
Ma!	maa	Ah!, Gut!
N'eus forzh!	nøß fòrß	Egal!
NP'ist viel		
Kerse eo!	kerße ä(w)	Schade!
Bedauern ist		

Beaj vat!	beash vaat	Gute Reise!
Chañs vat!	schââs vaat	Viel Glück!
Kalon vat!	kalôn vaat	Viel Glück!/Nur Mut!
Kalz a blijadur!	kals a bli'shaadür	Viel Spaß!

Doue d'az / d'ho pennigo.
duue daß / do pä'niigo
Gott zu-dein^{P} / zu-euer^{P} ^{P}wird-segnen
Gesundheit! *(wenn jemand niest)*

Das Wetter

Das Wetter ist in der Bretagne immer für eine Unterhaltung gut und dient nicht selten dazu, miteinander ins Gespräch zu kommen.

Penaos eo an amzer?
pê'nòòs ä(w) ân âmsär
wie ist der Wetter
Wie ist das Wetter?

Brav eo an amzer.
braw ä(w) ân âmsär
schön ist der Wetter
Es ist schön.

brav	braw	schön
kaer	kaär	herrlich
fall	fal	schlecht
brein	bräjn	schrecklich
tomm	tòm	warm
sec'h	ßää~~ch~~	trocken
klouar	kluar	lau
fresk	freßk	frisch
yen	jêên	kalt

Heol zo.
häwl soo
Sonne ist
Es ist sonnig.

N'eus ket koumoul.
nøß ke(t) kûmul
NP'ist nicht Wolken
Es ist nicht bewölkt.

In die nebenstehenden Mustersätze können Sie auch die jeweils darunter aufgeführten Wörter einsetzen.

avel *(m)*	aaväl	Wind
heol *(m)*	häwl	Sonne
koumoul *(Koll)*	kûmul	Wolken
arnev *(m)*	arnew	Gewitter
kurun *(m)*	küürûn	Donner
barr-amzer *(m)*	ba'râmsär	Sturm

Das Wetter

Glav a ra.
glaw (a) raa
Regen VP macht(-es)
Es regnet.

Met ne bado ket.
mäd ne baado keet
aber NP^{L} ^{l}wird-dauern nicht
Aber das ist schnell vorbei.

glav *(m)*	glaw	Regen
glizh *(Koll)*	gliiß	Nieselregen; Tau
erc'h *(m)*	är~~ch~~	Schnee

Eine Bemerkung über das Wetter kann aber auch nur als Gruß gemeint sein. In diesem Fall antworten Sie am besten etwas Ähnliches:

Tomm eo an amzer hiziv.
tòm ä(w) ân âmsär hiriw
warm ist der Wetter heute
Es ist warm heute.

Ya, n'eo ket yen.
jaa näke(d) jêên
ja NP'ist nicht kalt
Ja, kalt ist es nicht.

Wollen Sie tatsächlich wissen, wie das Wetter wird, fragen Sie besser:

Penaos 'vo an amser?
pê'nòòs voo (â)n âmsär
wie wird-sein der Wetter
Wie wird das Wetter?

Brav e vo.
braw (e) voo
schön VP^{M} ^{m}wird(-es) sein
Es wird schön.

Diougan avel zo war an amzer.
djuugân aaväl so war ân âmsär
Vorhersage Wind ist auf der Wetter
Laut Vorhersage soll es Wind geben.

Amzer gaoc'h!
âmsär gòò~~ch~~
Wetter^{L} ^{l}Exkrement
Schietwetter!

Zeit & Datum

Von ein paar Kleinigkeiten abgesehen, wird die Uhrzeit wie im Deutschen angegeben:

Pet eur eo?	**Gouzout a rit an eur?**
peedør ä(w)	guusud (a) rid ân øør
wie-viel Stunde ist	*wissen VP tut(-ihr) die Stunde*
Wie viel Uhr ist es?	Wissen Sie, wie spät es ist?

Viertelstunden werden dazugezählt oder abgezogen, halbe Stunden der vollen nachgestellt:

C'hwec'h eur eo.	**C'hwec'h eur hanter eo.**
~~ch~~wäächør ä(w)	~~ch~~wäächør ântär ä(w)
sechs Stunde ist	*sechs Stunde halb ist*
Es ist 6 Uhr.	Es ist halb 7.

Beachten Sie: Da eur *(Stunde) im Bretonischen weiblich ist, müssen für „zwei", „drei" und „vier Uhr" die weiblichen Formen* div, teir *und* peder *verwendet werden.*

C'hwec'h eur nemet kard / ha kard eo.
~~ch~~wäächør (ne')mät kard / a kard ä(w)
sechs Stunde weniger Viertel ist / und Viertel ist
Es ist Viertel vor 6 / Viertel nach 6.

teir eur / peder eur ha dek	**div eur nemet pemp**
täjrør / pe'därør a deek	diivør (nê')mät pêm(p)
3 Stunde / 4 Stunde und 10	*2 Stunde weniger 5*
zehn nach drei / vier	fünf vor zwei

Insgesamt zählen die Bretonen aber nur bis 11 (nicht bis 24). Im Zweifelsfall wird beure bøøre *(Morgen)* oder noz nooß *(Nacht)* hinzugefügt.

Zeit & Datum

Stellen Sie sich stets auf eine Viertelstunde Verspätung ein.

Da bet eur en em gavimp?
da beedør (e')nêm gaavîm(p)
zu^L 'wie-viel Uhr (-)
sich^L 'treffen-werden(-wir)
Wann treffen wir uns?

Da seizh eur noz.
da ßäisør nooß
zu sieben Uhr Nacht
Um sieben Uhr abends.

Zeiteinheiten

munutenn *(w)*	mû'nütän	Minute
eur *(w)*	øør	Stunde, Uhr
deiz *(m)*	dää(ß)	Tag
sizhun *(w)*	ßii(s)ûn, ßûûn	Woche
miz *(m)*	miiß	Monat
bloaz *(m)*	blwaa(ß)	Jahr

Tageszeiten

mintin *(m)*, **beure** *(m)*	mîntîn, bøøre	Morgen, Vormittag
kreizteiz *(m)* *Mitte-Tag*	kräiß'tää(ß)	Mittag *(12 Uhr)*
enderv *(m)*	ên'därw	Nachmittag
abardaez *(m)*	abar'dää(ß)	Abend
noz *(w)*	nooß	Nacht
hanternoz *halb-Nacht*	hântär'nooß	Mitternacht

allgemeine Zeitangaben

hiziv	hiiriw, hijo	heute
er beure-mañ	er bøøremâ	heute Morgen
fenoz	fe'nooß	heute Abend
dec'h	däää~~ch~~	gestern
derc'hent-dec'h	därchän'däää~~ch~~	vorgestern
dec'h ar beure	däääch ar bøøre	gestern Morgen
dec'h da noz	däääch da nooß	gestern Abend
arc'hoazh	ar'chwaaß	morgen
goude arc'hoazh	guude ar'chwaaß	übermorgen

er bloaz-mañ	er blwaa(s)mâ	dieses Jahr
arlene	ar'lêêne	letztes Jahr
da vloaz	da vlaa(ß)	nächstes Jahr
diouzh ar mintin	dius ar 'mîntîn	morgens
en noz	ên nooß	nachts
bremañ	bremâ	jetzt
diouzhtu	diuß'tüü	sofort
bremaik	brê'maik	eben, gleich
neuze, goude	nøø(s)e, guude	dann, danach
bepred	be'preet	immer, stets
peurvuiañ	pør'v~~ü~~iâ	gewöhnlich, meistens
a-wechoù	a'weschu	manchmal
alies	a'liäß	oft
ral a wech	raal a wäsch	selten
gwech ebet	gwäsh e'beet	nie
biskoazh	biß'kwaaß	nie *(Vergangh.)*
biken	bikän	nie *(Zukunft)*
diwezhat	di'wee(s)at	spät
diwezhatoc'h	diwe'(s)aatò~~ch~~	später
abret	a'breet	früh
abretoc'h	a'breetò~~ch~~	früher
bemdez	bämdä(ß)	täglich

er miz tremen
er miiß trêmän
in-der Monat vergehen
letzten Monat

er miz a zeu
er miis a søø
in-der Monat VP[L] 'kommt
nächsten Monat

(ur) bloaz zo
(ør)blwa(s) soo
(ein) Jahr ist
vor einem Jahr

a-benn un eur
a'bän 'ønør
in eine Stunde
in einer Stunde

Mit der Endung -vezh *lässt sich die Dauer einer Zeitspanne ausdrücken:* un eurvezh *(= eine Stunde in ihrem Verlauf). Dasselbe gilt für* un devezh, un nozvezh, ur sizhunvezh, ur bloavezh *usw. Die Formen ohne Endung nimmt man u. a., wenn man sich begegnet, die anderen, wenn man sich verabschiedet.*

Noz vat.	**Demat.**
nos vaat	de'maat
Nacht[L] *ˈgut*	*Tag-gut*
Guten Abend.	Guten Tag.
(Begrüßung)	*(Begrüßung)*

Nozvezh vat.	**Devezh mat.**
noosväs vaat	deeväs vaat
Nacht-lang[L] *ˈgut*	*Tag-lang gut*
Gute Nacht.	Einen schönen Tag noch.
(sich verabschieden)	*(sich verabschieden)*

Wochentage & Monate

Peseurt deiz emaomp?
pe'ßört dää(s) (e')mâwm(p)
welcher Tag sind(-wir)[SIT]
Welchen Tag haben wir?

Die Namen der Wochentage werden in der Regel mit dem bestimmten Artikel gebraucht.

Al Lun emaomp.	**Al Lun eo hiziv.**
al lûûn (e')mâwm(p)	al lûûn ä(w) hiiriw
der Montag sind(-wir)[SIT]	*der Montag ist heute*
Wir haben Montag.	Heute ist Montag.

Die Woche beginnt mit dem Sonntag:

Sul *(m)*	ßüül	Sonntag	**disul**	(am) Sonntag
Lun *(m)*	lûûn	Montag	**dilun**	(am) Montag
Meurzh *(m)*	mörß	Dienstag	**dimeurzh**	(am) Dienstag
Merc'her *(m)*	märchär	Mittwoch	**dimerc'her**	(am) Mittwoch
Yaou *(m)*	jòw	Donnerstag	**diriaou**	(am) Donnerstag
Gwener *(m)*	gwêênär	Freitag	**digwener**	(am) Freitag
Sadorn *(m)*	ßaadòrn	Samstag	**disadorn**	(am) Samstag

Ohne Artikel bezeichnen sie einen regelmäßig wiederkehrenden Wochentag: bep Sul *(jeden Sonntag)*, da Sul *(sonntags)*. Die Formen mit di- sind Umstandswörter und werden verwendet, wenn ein bestimmter Tag (der vergangenen oder kommenden Woche) gemeint ist.

E Gwengamp e oan digwener.	**Ken diriaou.**
e gwängâm(b) (e) wâân di'gwêênär	kên dir'jòw
in Guingamp war(-ich) am-Freitag	*bis am-Donnerstag*
Freitag war ich in Guingamp.	Bis Donnerstag.

Genver *(m)*	gênvär	Januar
C'hwevrer *(m)*	~~ch~~weevrär	Februar
Meurzh *(m)*	mörß	März
Ebrel *(m)*	eebräl	April
Mae *(m)*	mää	Mai
Mezheven *(m)*, **Even** *(m)*	me'seevän, eevän	Juni
Gouhere *(m)*	gu'eere	Juli
Eost *(m)*	äwßt	August
Gwengolo *(m)*	gwäng'goolo	September
Here *(m)*	heere	Oktober
Du *(m)*	düü	November
Kerzu *(m)*	kärzü	Dezember

Nur die Namen der ersten fünf Monate und der August (Eost, *im Bretonischen auch „Ernte") stammen aus dem Lateinischen.*

Ab September haben die Monate bretonische Namen: Gwengolo *(September)* setzt sich aus gwenn *(weiß)* und kolo *(Stroh)* zusammen, Here *(Oktober)* bedeutet „Aussaat", und in Du *(November)* und Kerzu *(Dezember)* ist die Farbe Schwarz (du) enthalten. Der Winter gilt in der Bretagne als schwarze Jahreszeit!

Zeit & Datum

Jahreszeiten

nevezamzer *(m)*	neve'(s)âmsär	Frühling
hañv *(m)*	hâw	Sommer
diskaramzer *(m)*	dißka'râmsär	Herbst
goañv *(m)*	gwâw	Winter

Datum

Für den ersten und zweiten Tag eines Monats werden die Ordnungszahlen ar c'hentañ *bzw.* an eil *verwendet, für alle weiteren nur die Grundzahlen (*tri, pevar, pemp *usw.).*

Ar bet emaomp?
ar beed (e')mâwm(p)
zu'dem^{L}*/der*^{L} *'wie-viel sind(-wir)*^{SIT}
Welchen Tag haben wir?

Ar bet eo hiziv?
ar beed ä(w) hiiriw
der^{L} *'wie-viel ist heute*
Welcher Tag ist heute?

Ar c'hentañ a viz Meurzh eo.
ar ~~ch~~êntâ a vis mörs ä(w)
der^{A} ^{a}*erste von*^{L} *'Monat März ist*
Es ist der 1. März.

An daouzek a viz Genver emaomp.
ân dòwsäg a vis gênvär (e')mâwm(p)
zu'dem zwölf von^{L} *'Monat Januar sind(-wir)*^{SIT}
Wir haben den 12. Januar.

Feste & Feiertage

Nedeleg	ne'deeläk	Weihnachten
Bloaz Nevez	blwa(s) 'neevä(ß)	Neujahr
deiz kentañ 'r bloaz *Tag erster der Jahr*	dää(ß) kêntâr 'blwaa(ß)	Neujahrstag (1. Januar)
Meurlarjez	mör'larshä(ß)	Faschingsdienstag („Mardi Gras")
Pask	paßk	Ostern

Gouel Erwan	gwel 'ärwân	St. Yves (der 3. Sonntag im Mai)
Gouel Yann	gwel 'jân	Johannistag (24. Juni)
Gouel Mikael	gwelmi'kääl	St. Michael (29. September, *traditionell Beginn und Ende der Pachtverträge*)

Nedeleg laouen. *Weihnachten froh*	ne'deeläg lòwän	Frohe Weihnachten.
Pask laouen. *Ostern froh*	paßk lòwän	Frohe Ostern.
Bloavezh mat. *Jahr-lang gut*	blwaaväs maat	Ein frohes Neues Jahr.

Erwan *(frz. Yves), ein Heiliger aus dem Leon, wird zusammen mit der Hl. Anna als Schutzpatron der Bretagne verehrt.*

Nach dem frz. *„bonne fête"* wünscht man sich allgemein auch gouel mat gwel maat (*„Fest gut"*).

Deiz-ha-bloaz laouen!	**Kalz a vloavezhioù all!**
dää(ß)a'blwaa(s) lòwän	kals a vlwa'veshu al
Tag-und-Jahr froh	*viel von[L] 'Jahre-lang andere*
Alles Gute zum Geburtstag!	Ein langes Leben!

Von Mai bis Oktober werden überall in der Bretagne Umzüge zu Ehren der Schutzheiligen, so genannte „Pardons" (pardonioù), begangen. In den Sommermonaten finden zahlreiche Kunst- und Folklorefestivals statt, wie Ende Juli der Kan Al Loar in Landerneau oder Anfang August die Gouelioù Etrekeltiek (frz. *„Festival Interceltique"*), ein pankeltischer Musikwettstreit in Lorient.

Die Bezeichnung verweist auf den Ablass der Sünden.

Zu Gast sein

Bei privaten Einladungen wird nicht erwartet, dass Sie auf die Minute pünktlich sind – das sind Bretonen nämlich auch nicht! Kommen Sie ruhig 15 bis 20 Minuten später, aber nicht mehr. Das wiederum wäre unhöflich.

Degemer mat (dit / deoc'h).
de'gêmär maa(d) dit / d(e)ò~~ch~~
Empfang gut (zu-dir / zu-euch)
Willkommen!

Deus / Deuit e-barzh 'ta!
døß / døøid (e')barß ta
komm! / kommt! herein doch
Komm / Kommen Sie doch herein!

Dre amañ, mar plij!
dre âmâ mar pliisch
bei hier wenn beliebt
Hier entlang, bitte!

Seinem Gastgeber eine Kleinigkeit mitzubringen, gilt unter Bretonen als selbstverständlich. Es muss gar nicht viel sein, Blumen, etwas Süßes, oder vielleicht eine Flasche Wein.

Wenn Sie Pralinen schenken, wird Ihr Gastgeber sein Geschenk sofort öffnen und allen Anwesenden anbieten – nicht etwa, weil er es nicht mag, sondern um Ihnen damit eine Freude zu bereiten.

Dalit, evidoc'h eo.
daalit (e')viidòch ä(w)
nehmt! für-euch ist
Bitte, das ist für Sie.

Re vat oc'h.
re 'vaad ò~~ch~~
zu^{L} 'gut seid(-ihr)
Sehr liebenswürdig.

Auf dem Land, wo oft mehrere Generationen unter einem Dach wohnen, wird man Ihnen sicherlich als Erstes die Familie vorstellen.

Setu ma zud!
ßetü ma süüt
sieh!-da meine[A] [a]*Leute*
Darf ich vorstellen, meine Eltern!

Hag amañ ma c'hoar vras.
ag âmâ ma ~~ch~~war vraaß
und hier meine Schwester[L] ˈ*groß*
Und das ist meine große Schwester.

Plijet on oc'h ober hoc'h anaoudegezh.
pliishäd ôôn òch oobär òch ânòw'däägäß
erfreut bin am Machen eure Bekanntschaft
Ich freue mich, Sie kennen zu lernen.

Spricht ein Bretone von seinen Eltern, sagt er ma zud *(„meine Leute"), ohne dass dies respektlos gemeint wäre, wie etwa „meine Alten" im Deutschen. Diese Bezeichnung bleibt den Großeltern vorbehalten:* ma zud-kozh *(„meine Leute-alt").*

Familie

tad *(m)*	taat	Vater
mamm *(w)*	mâm	Mutter
tad-kozh *(m)*	ta(t)'kooß	Großvater
mamm-gozh *(w)*	mâm'gooß	Großmutter
bugel *(m)* [*Mz* **bugale**]	büügäl	Kind
mab *(m)* [*Mz* **mibien**]	maap	Sohn
merc'h *(w)*	mär~~ch~~	Tochter
breur *(m)* [Mz **breudeur**]	brøør	Bruder
c'hoar *(w)* [*Mz* **c'hoarezed**]	~~ch~~waar	Schwester
eontr *(m)*	êwnt(r)	Onkel
moereb *(w)*	mweeräp	Tante
kenderv *(m)* [*Mz* **kendirvi**]	kênderw	Cousin
keniterv *(w)* [*Mz* **kenitervezed**]	kê'nitärw	Cousine

Zu Gast sein

Beachten Sie: Das Hauptwort **bloaz** *(Jahr) wird nach dem Fragewort* **pet** *(wie viel) und nach allen Zahlwörtern leniert, die ansonsten keine Mutation auslösen.*

Dimezet oc'h?	**Ya, abaoe eizh vloaz.**
dî'mee(s)äd ò~~ch~~	jaa (a')bòwe 'äisvlwaa(ß)
verheiratet seid(-ihr)	*ja seit acht[L] ˈJahr*
Sind Sie verheiratet?	Ja, seit acht Jahren.

N'on ket, paotr yaouank on.
nôn keet pòòt(r) jòwângg ôn
NP'bin nicht Junge jung bin
Nein, ich bin Jungeselle.

Met ur vignonez am eus.
med ør vi'njôônäs (a')møß
aber eine[L] ˈFreundin VP-mein ist
Aber ich habe eine Freundin.

dizimez	di'sîmäs	ledig
dimezet	dî'mee(s)ät	verlobt, verheiratet
torrdimezet	tòrdî'mee(s)ät	geschieden
intañv	întâw	verwitwet
paotr yaouank	pòòt(r) jòwângk	Junggeselle
plac'h yaouank	plaach jòwângk	Junggesellin
mignon	mînjôn	Freund
mignonez	mî'njônäß	Freundin
gwaz [*Mz* **gwizhien**]	gwaaß	(Ehe-)Mann
gwreg [*Mz* **gwragez**]	gwreek	(Ehe-)Frau

Bugale ho peus?	**Ya, ur paotrig tri bloaz.**
bü'gaale (o) pøß	jaa ør pòòtrik triiblwa(ß)
Kinder euer ist	*ja ein Bübchen drei Jahr*
Haben Sie Kinder?	Ja, einen 3-jährigen Jungen.

Ha pe oad oc'h-c'hwi?
a pe waad ò(~~eh~~) '~~eh~~wii
und welcher Alter seid
Und wie alt sind Sie?

(Ur) bloaz ha tregont on.
(ør)blwa(ß)a treegôn(d) ôôn
(ein) Jahr auf dreißig bin
Ich bin einunddreißig.

Sie werden nicht umhin kommen, eine Kleinigkeit mit Ihren Gastgebern zu sich zu nehmen. Vermutlich wird Ihnen eine Tasse Tee oder Kaffee angeboten (beides wird in der Bretagne gleichermaßen gern getrunken).

Kae ez koazez!
kää eß kwaasä(ß)
geh! in-dein Gesäß
Nimm Platz!

Kit en ho koazez!
kid ên o kwaasä(ß)
geht! in euer Gesäß
Nehmen Sie Platz!

Azez!
a'see(ß)
sitz!
Setz dich!

Azezit!
a'see(s)it
sitzt!
Setzen Sie sich!

Petra 'po d'evañ?
pe'traa po deevâ
was euer-wird-sein zu trinken
Was möchten Sie trinken?

Kafe pe te?
kafe pe tee
Kaffee oder Tee
Kaffee oder Tee?

Ur banne kafe 'm bo, mar plij.
ør bâne kafe moo mar pliisch
ein Schluck Kaffee mein wird-sein wenn beliebt
Ich hätte gerne einen Kaffee, bitte.

Trugarez, met gwelloc'h 'vo ur banne dour ganin.
trü'gaare(ß) med gwälòch vo ør bâne duur gâ'nîin
danke aber besser VP[M] [m]wird-sein ein Schluck Wasser mit-mir
Ich hätte lieber ein Wasser.

Banne *oder* bannac'h *werden in Zusammenhang mit Flüssigkeiten allgemein für unbestimmte Mengen gebraucht.*

Essen & Trinken

Neben Frühstück (lein), Mittag- (merenn) und Abendessen (koan) haben im Bretonischen auch alle Zwischenmahlzeiten ihren eigenen Namen: So heißt das zweite Frühstück (gegen 9 Uhr) adlein oder gortozenn, und der Vier-Uhr-Kaffee adverenn oder merenn-vihan.

In manchen Gegenden sagt man statt lein *auch* dijuni *(von frz. „déjeuner“).* Lein *wird dann anstelle von* merenn *für das Mittagessen gebraucht. Lediglich* koan *bezeichnet überall in der Bretagne das Abendessen.*

Prest eo koan.
preßt ä(w) kwâân
bereit ist Abendessen
Das Abendessen ist fertig.

Ouzh taol!
uß tòòl
gegen Tisch
Zu Tisch!

Petra zo da zebriñ?
pe'traa so da seebrî
was ist zu^{L} 'essen
Was gibt es zu essen?

Petra zo d'evañ?
pe'traa so deevâ
was ist zu-trinken
Was gibt es zu trinken?

Naon 'm eus.
nâwn møß
Hunger mein ist
Ich habe Hunger.

Sec'hed 'm eus.
ßäächäd møß
Durst mein ist
Ich habe Durst.

Sach ganit!
ßash gâ'niit
zieh! mit-dir
Bedien dich!

Sachit ganeoc'h!
ßaschid gâ'n(e)òch
zieht! mit-euch
Bedienen Sie sich!

Frühstück Zum Frühstück isst man in der Regel etwas Leichtes, ein Croissant mit Butter oder Marmelade, ein Omelett oder auch süße Crêpes mit Honig. Dazu wird Kaffee oder Tee getrunken.

Petra a zebrit / a evit d'ho lein?
pe'traa (a) seebrit / (a) eevit o läjn
was VP^{L} 'esst / VP trinkt(-ihr) zu'euer Frühstück
Was essen / trinken Sie zum Frühstück?

Krampouezh gant mel hag ur banne kafe, mar plij.
krâmpwäs gân(d) meel ag ør bâne kafe mar pliisch
Pfannkuchen mit Honig und ein Schluck Kaffee wenn beliebt
Crêpes mit Honig und einen Kaffee, bitte.

bara *(m)*	baara	Brot
bara-kornek *(m)*	bara'kòrnäk	Croissant
briochenn *(w)*	bri'jòschän	Brioche
amann *(m)*	â'mân	Butter
kaotigell *(w)*	kò'tiigäl	Marmelade
mel *(m)*	meel	Honig
krampouezh *(Koll)*	krâmpwäß	Crêpes
alumenn *(w)*	a'lûmän	Omelett
laezh ribot	läs 'riibòt	Buttermilch

Mittag- & Abendessen

kig *(m)*	kiik	Fleisch
kig-yar *(m)* *Fleisch-Huhn*	kig'jaar	Geflügel
kig-sal *(m)* *Fleisch-Salz*	kik'ßal	Speck
jambon *(m)*, **morzhed-hoc'h** *(w)*	shâmbôn mòrsä'tòòch	Schinken
silzig *(Koll)*	ßilsik	Wurst

Mittags wird meist nur ein kleiner Imbiss eingenommen. Die Hauptmahlzeit der Bretonen ist das Abendessen, zu dem oft noch die ganze Familie zusammenkommt.

fourmaj-laezh *(m)* *Käse-Milch*	furmash'lääß	Käse
fourmaj-kig *(m)* *Käse-Fleisch*	furmasch'kiik	Pastete
vi *(m)*	vii	Ei
past *(Koll)*	paßt	Nudeln
legumaj *(Koll)*	le'gûmasch	Gemüse
frouezh *(Koll)*	frweeß	Obst
letuz *(Koll)*	letüß	(Kopf-)Salat
pesked *(Koll)*	peßkät	Fisch
traoù-mor *Dinge-Meer*	trau'moor	Meeres-früchte
riz *(Koll)*	rii(ß)	Reis
soubenn *(w)*	ßuubän	Suppe

Deus / Deuit amañ an holen din, mar plij.
døs / døøid âmâ (â)n hoolän dĩin mar pliisch
komm! / kommt! hier der Salz zu-mir wenn beliebt
Reiche / Reichen Sie mir bitte das Salz!

holen *(m)*	hoolän	Salz
pebr *(m)*	peep(r)	Pfeffer
sukr *(m)*	ßük(r)	Zucker
gwinegr *(m)*	gwî'neek(r)	Essig
eoul *(m)*	ewl	Öl

Wundern Sie sich nicht, wenn Sie aufgefordert werden, Ihr Abendessen selbst mitzubringen:

Deus du-mañ gant da goan.
døs dümâ gân(d) da gwâân
komm! hier mit dein^L ¹Abendessen

Eine solche Einladung ist nicht wörtlich zu verstehen. Wie Sie sich denken können, handelt es sich vielmehr um eine Redewendung, die durchaus herzlich gemeint ist und so viel wie „Komm doch heute Abend zum Essen vorbei" bedeutet.

Sich vor der Mahlzeit einen guten Appetit zu wünschen, ist eher unüblich. Dafür wird beim Trinken gern und ausgiebig auf die Gesundheit angestoßen.

Yec'hed mat dit / deoc'h!
jäächä(d) 'maa(d) dit / d(e)òeh
Gesundheit gut zu-dir / zu-euch
Zum Wohl!

Gebäck & Co.

Die Bretagne ist zu Recht für ihre gute Küche bekannt. Zu den Spezialitäten der Region gehören vor allem der Kouign Amann (*„Kuchen Butter"*), ein Hefekuchen aus Douarnenez, der gut zu Cidre oder Tee passt, und der Farz Forn (*„‚Fars' Ofen"*, frz. *„far breton"*), ein Eierkuchen mit viel Weizenmehl, Butter und Zucker, der je nach Rezept oft noch mit Rosinen oder Äpfeln verfeinert wird.

Nicht verwechseln: Kig-ha-Farz *(Fleisch-und-„Fars"), traditionell ein Hochzeitsessen, ist kein Kuchen, sondern eine Art Eintopf mit gepökeltem Schweinefleisch und Gemüse. Sein Rezept stammt aus dem Léon.*

gwastell *(Koll)*,	gwaßtäl	Kuchen
kouign *(w)*	kwĩĩnj	
gwispid *(Koll)*	gwißpit	Gebäck, Kekse
tartez *(Koll)*	tartäß	Torte
skorn *(m)*	ßkòrn	Eis

beim Essen

Während des Essens, das oft sehr viel länger dauert als bei uns, wird meist über die Ereignisse des Tages gesprochen. Politische und religiöse Themen sind bei Tisch jedoch tabu. Dafür sieht man es gern, wenn Sie Auskünfte über das Leben in Frankreich bzw. der Bretagne einholen. Vergessen Sie niemals, die Dame des Hauses für ihre Kochkünste zu loben:

Die Endung -ad bezeichnet jeweils den Inhalt eines Gefäßes: un asiedad soubenn *(ein Teller Suppe) im Gegensatz zu* un asied soubenn *(ein Suppenteller). Dies gilt für alle Gefäße:* ur werennad dour *(ein Glas Wasser),* ur tasad kafe *(eine Tasse Kaffe),* ur voutailhad gwin *(eine Flasche Wein) usw.*

Mat-tre e oa.
ma'tree (e) waa
gut-sehr VP war(-es)
Es war lecker.

Debret mat 'm eus.
deebräd maad møß
gegessen gut mein ist
Es hat sehr gut geschmeckt.

Kemerit un asiedad c'hoazh!
ke'merid øn a'ßjäädat ~~eh~~waaß
nehmt! ein Teller-voll noch
Nehmen Sie noch einen Teller!

Ya, gant plijadur.
jaa gân(d) pli'jaadur
ja mit Vergnügen
Ja, gern.

Mat eo. Trawalc'h am eus bet.
maad ä(w) tra'wa(la)ch (a')møs beet
gut ist genug VP-mein ist gewesen
Danke, ich bin satt.

©WK

Stattlicher Wolfsbarsch

Geschirr & Besteck

kontell *(w)* [*Mz* **kontilli**]	kôntäl	Messer
fourchetez *(w)*	fur'schetäß	Gabel
loa *(w)*	lwaa	Löffel
loaioù *(w Mz)*	lwaaju	Besteck
asied *(m)*	a'ßiät	Teller
serviedenn *(w)*	sär'vjeedän	Serviette
gwerenn *(w)*	gweerän	Glas
tas *(m)*	taß	Tasse
bolenn *(w)*	bòòlän	„Bol" (große, runde Tasse)
boutailh *(w)*	butalj	Flasche

Gallout a ran sikour ac'hanoc'h (da skaotañ an traoù).
galud (a) rân ßikur (a'ch)ânòch da ßkòtâ (â)n trau
können VP tue(-ich) helfen von-euch (zu abwaschen die Dinge)
Kann ich Ihnen (beim Abwasch) helfen?

'Dal ket ar boan!
dal ked ar bwâân
ist-wert nicht die[L] 'Pein
Nicht nötig!

Chomit azezet!
schomid a'see(s)ät
bleibt! gesetzt
Bleiben Sie sitzen!

in der Crêperie

Wollen Sie Ihr Bretonisch ausprobieren, gehen Sie am besten in eine kleine Crêperie, wenn möglich auf dem Land – je weniger touristisch sie aussieht, desto wahrscheinlicher ist es, dass Sie dort auf Bretonisch bestellen können.

kafedi *(m)* *Kaffee└┘Haus*	ka'feedi	Café
ostaleri *(w)*	oßta'leeri	Gasthaus
tavarn *(w)*	taavarn	Kneipe, Wirtshaus
preti *(m)* *Speis-Haus*	preti	Restaurant
ti-debriñ *(m)* *Haus-Essen*	ti'deebrî	Restaurant
ti-krampouezh *(m)* *Haus-Pfannkuchen*	ti'krâmpwäß	Crêperie

Pfannkuchen, seit jeher die Leib- und Magenspeise der Bretonen, bekommt man in der Bretagne zu jeder Tageszeit.

Zum Frühstück gibt es die süßen krampouezh gwinizh, Crêpes aus Weizenmehl, die in ihrer einfachsten Variante mit Butter und Zucker gegessen werden. Zum Abendessen werden dann die herzhaften krampouezh ed-du, Pfannkuchen aus Buchweizenmehl, gegessen, die vielerorts auch kaletez *(Galettes)* genannt werden.

Ar roll-meuzioù, mar plij.
ar rol 'møshu mar pliisch
der Rolle-Speisen wenn beliebt
Die Speisekarte, bitte.

Petra 'po?
peta poo
was euch-wird-sein
Was darf es sein?

Ur grampouezhenn gant fourmaj hag ognon 'm bo, mar plij.
ør grâm'pweesän gân(t) furmasch ag ônjôn moo mar pliisch
ein└ ┘Pfannkuchen mit Käse und Zwiebel VP-mein wird-sein wenn beliebt
Ich bekomme einen Pfannkuchen mit Käse und Zwiebeln, bitte.

fourmaj *(m)*	furmasch	Käse
kebell-touseg *(m Mz)* *Kapuze-Kröte*	keebäl'tußäk	Pilze
kignen *(Koll)*	kînjän	Knoblauch
morzhed-hoc'h *(w)*	mòrsä'tòòch	Schinken
ognon *(Koll)*	ônjôn	Zwiebeln
vi *(m)*	vii	Ei

Der Klassiker unter den Galettes heißt krampouezhenn an tri zra *(„Pfannkuchen die drei*ᴬ ᵃ*Sache") – mit Schinken, Käse und Ei (frz. Galette complète).*

Da evañ ho po?
da eevâ (o) poo
*zu trinken euer*ᴬ ᵃ*wird-sein*
Möchten Sie etwas trinken?

Ya, ur volennad chistr, mar plij.
jaa ør vo'länat schißt(r) mar plisch
ja eine Bol-voll Cidre wenn beliebt
Ja, eine „Bol" Cidre, bitte.

Als digor-kalon *(Aperitif)* empfiehlt sich chouchenn *(süßer Honigwein)*, der auch als Digestif genossen wird. Zum Essen trinkt man gewöhnlich Cidre (chistr), danach oft noch einen Kaffee.

Kafe ho po goude?
kafe (o) po guude
Kaffee euer wird-sein danach
Möchten Sie hinterher einen Kaffee?

N'em bo ket. Mersi deoc'h.
(ne')mo keet märßi d(e)òch
NP'mein wird-sein nicht danke zu-euch
Nein, danke.

nichtalkoholische Getränke

dour *(m)*	duur	Wasser
dour-melar *(m)*,	dur'meelar	Mineralwasser
soda *(m)*	ßooda	
kafe *(m)*	kafe	Kaffee
laezh *(m)*	lääß	Milch
kafe laezh *(m)*	kafe 'lääß	Milchkaffee
te *(m)*	tee	(Schwarz-)Tee
chokolad *(m)*	scho'koolat	Kakao
chug *(m)*	schük	Saft
chug-frouezh *(m)*	schük'frwäß	Fruchtsaft
cola *(m)*	koola	Cola

Sind Sie zu mehreren, wird erwartet, dass einer die Rechnung übernimmt und die Kosten erst hinterher verteilt werden. Bei Paaren zahlt gewöhnlich der Mann.

Mat e oa?
maad (e) waa
gut VP war(-es)
Hat es Ihnen geschmeckt?

Ya, mat-kenañ.
jaa ma(t)kê'nââ
ja gut-sehr
Ja, sehr.

Ar fakturenn, mar plij.
ar fak'tüürän mar pliisch
die Rechnung wenn beliebt
Die Rechnung, bitte.

Pegement eo an taol?
pe'gêmän(d) ä(w) ân 'tòòl
wie-viel ist der Tisch
Wie viel macht das?

Daou euro ha tregont ha pemp sent warn-ugent.
'dòwøro a treegôn(t)a päm(p) sên(d) war'nüügän(t)
zwei Euro und dreißig und fünf Cent auf-zwanzig
32 Euro und 25 Cent.

Iskuzit, n'eo ket reizh ar fakturenn.
iß'kuusit näke(d) räjs ar fak'tüürän
entschuldigt! NP'ist nicht richtig die Rechnung
Entschuldigen Sie, die Rechnung stimmt nicht.

Degemer a rit kartennoù-kred ivez?
de'gêmär (a) rit kartänu'kreed iive
nehmen VP tut(-ihr) Karten-Kredit auch
Nehmen Sie auch Kreditkarten?

Kreditkarten werden in Frankreich sehr viel häufiger eingesetzt als bei uns.

Auch wenn die Bedienung meist im Preis inbegriffen ist, sollten Sie in Cafés oder Restaurants ca. 10 % Trinkgeld geben. Den Betrag lässt man einfach auf dem Tisch liegen.

in der Kneipe

Petra a yelo ganeoc'h?
pe'traa (a) jelo gâ'n(e)òch
was VP wird-geben mit-euch
Was bekommen Sie?

In der Kneipe sind Trinkgelder nicht üblich. Getränke werden häufig an der Theke bestellt und dort auch gleich bezahlt.

Lakait ur banne bier din, mar plij.
la'kaid ør bânä biiär dîîn mar pliisch
stellt! ein Schluck Bier zu-mir wenn beliebt
Geben Sie mir bitte ein Bier.

alkoholische Getränke

chistr, sistr *(m)*	schißt(r), ßißt(r)	Cidre
chouchenn *(m)*	schuschän	Honigwein
bier *(m)*	biiär	Bier
bier gwenn	biär 'gwän	Weißbier
bier melen	biär 'meelän	Pils
bier du	biär 'düü	Schwarzbier
gwin *(m)*	gwîîn	Wein
gwin ruz	gwîn 'rüü(ß)	Rotwein
gwin gwenn	gwîn 'gwän	Weißwein
gwin roz	gwîn 'rooß	Rosé
wiski *(m)*	wißki	Whisk(e)y

Pehini?	**Hini du.**	**Unan melen.**
pe'îini	îni düü	ûûnân meelän
welch eines	*eines schwarz*	*eins gelb*
Was für eins?	Vom Schwarzen.	Ein Helles.

Ar memes tra, mar plij.
ar mêmäß traa mar pliisch
die selbe Sache wenn beliebt
Das Gleiche, bitte.

Hag evidon ur banne gwin ruz.
ag e'viidôn ør bâne gwîn ruu(ß)
und für-mich ein Schluck Wein rot
Und für mich einen Rotwein.

Es gibt in der Bretagne sogar einige recht gute heimische Biere, wie etwa das Traditionsbier Koreff *aus Morlaix, benannt nach dem altbretonischen Wort für Bier, oder das Buchweizenbier* Telenn Du *(„schwarze Harfe").*

Das Getränk der Bretonen ist der Cidre. Wein wird dagegen traditionell eher wenig getrunken. Bei jungen Leuten ist Bier sehr beliebt, obwohl es vergleichsweise teuer ist.

Beim Bestellen sagt man gemäß dem englischen *pint* (frz. *„pinte"*) im Bretonischen auch ur pint bzw. ur pintad, geläufiger ist aber auch beim Bier ur banne. Sie bekommen dann ungefähr einen halben Liter oder eben eine Flasche. Wenn Sie nur eine halbe trinken wollen, bestellen Sie un hanter hini (angelehnt an französisch *„une demi"*, der Abkürzung für *„une demi-pression"*).

Ma zro eo bremañ!
ma sroo ä(w) brêmâ
*meine*ᴸ ˡ*Runde ist jetzt*
Diese Runde geht auf mich!

Mont a ray ur banne wiski ganit?
môn(d) (a) raj ør bâne wißki gâ'niit
gehen VP tun-wird ein Schluck Whisk(e)y mit-dir
Möchtest du einen Whisk(e)y?

Ne gavan ket mat ar wiski.
ne gaavân ke(d) maad ar wißki
NPL ˈfinde(-ich) nicht gut der Whisk(e)y
Whisk(e)y mag ich nicht.

Arabat evañ re!
a'raabad eevâ ree
verboten trinken zu(viel)
Trink nicht zu viel!

Mezv-dall out dija.
mä(s)w'dal ut di'shaa
betrunken-blind bist schon
Du bist schon sturzbetrunken.

Aet on.
ääd ôn
gegangen bin
Ich geh' dann mal.

Kenavo d'an holl!
kêna'voo dân òl
tschüss zu'die alle
Tschüss zusammen!

Chom 'ta.
schom ta
bleib! doch
Bleib doch noch!

© WK

Bretonische Kapelle auf dem Pier

Rauchen

Aus Jugendschutzgründen gibt es in Frankreich keine öffentlichen Zigarettenautomaten. Zigaretten bekommt man stattdessen in Zeitschriftenläden, die auch offiziell als „*bureaux de tabac*" bezeichnet werden.

Auch in Frankreich gilt mittlerweile ein strenges Rauchverbot in öffentlichen Gebäuden und gastronomischen Betrieben aller Art, einschließlich Kneipen.

Ur sigaretenn zo ganit?
ør ßiga'retän so gâ'niit
eine Zigarette ist mit-dir
Hast du eine Zigarette?

Tan zo ganit?
tâân so gâ'niit
Feuer ist mit-dir
Hast du mal Feuer?

N'eus ket, ne vutunan ket.
nøß keet ne vü'tüünân keet
NP'ist nicht NP[L] *'rauche nicht*
Nein, ich rauche nicht.

Ya, sur.
yaa ßüür
ja sicher
Aber sicher.

butun *(m)*	büütûn	Tabak
korn-butun *(m)*	kòrn'büütûn	Pfeife
sigaret *(Koll)*	ßi'gaarät	Zigaretten
ur pakad *(m)*	ør 'pakat	ein Päckchen
sigaretennoù	ßigarä'tänu	Zigaretten
alumetez *(Koll)*	alü'metäß	Streichhölzer
un direnn *(w)*	øn diirän	ein Feuerzeug

Gallout a ran butuniñ amañ?
galud (a) rân bü'tûûnî âmâ
können VP tue(-ich) rauchen hier
Darf ich hier rauchen?

Unterwegs

Die Bretagne, die sich traditionell in einen dicht besiedelten Küstenstreifen, an arvor *(Land am Meer)*, und das nur spärlich besiedelte Hinterland, an argoad *(Land am Wald)* teilt, erkundet man am besten mit dem Auto (gant ar c'harr) – oder aber man geht zu Fuß (war droad).

Mit allen anderen Verkehrsmitteln hat man bisweilen so seine liebe Not: Züge und Fernbusse sind nicht unbedingt billig, und gerade ins Landesinnere führen nur wenige Verbindungen.

Seinen Namen verdankt das Hinterland einem großen Waldgebiet, das im Mittelalter noch weite Teile der bretonischen Halbinsel bedeckte. Heute zeugt von diesem sagenhaften Wald, der „Brocéliande" (brekelien), *nur noch der „Forêt de Paimpol".*

marc'h-houarn *(m)*	mar'~~eh~~uarn	Fahrrad
Pferd-Eisen		
marc'h-tan *(m)*	mar~~eh~~'tâân	Motorrad
Pferd-Feuer		
karr *(m)* [*Mz* **kirri**]	kaar	Auto
karr-kampiñ *(m)*	kar'kâmpî	Wohnmobil
taksi *(m)*	takßi	Taxi
bus *(m)*	büß	Bus
karr-boutin *(m)*	kar'butî	Reisebus
Auto-gemein		
tren *(m)*	trän	Zug
bag *(w)* [*Mz* **bigi**]	baak	Boot
lestr *(m)* [*Mz* **listri**]	leßt(r)	Schiff
karr-nij *(m)*	kar'niisch	Flugzeug
Wagen-Flug		
tramgarr *(m)*	trâmgar	Straßenbahn
metro *(m)*	metro	U-Bahn, Metro

Unterwegs

Der öffentliche Verkehr ist französischsprachig. Autobahnen sind in Frankreich allgemein gebührenpflichtig, in der Bretagne selbst gibt es jedoch keine Mautstellen. In den Städten sind Busse das wichtigste Verkehrsmittel. Eine Straßenbahn gibt es nur in Nantes, die einzige U-Bahn der Bretagne fährt in Rennes.

mit dem Auto

Karr *ist hochsprachlich und bedeutet „Wagen" (allg.). Für „Auto" sagt man auch* gwetur *(frz. „voiture") oder einfach* oto. *Auch wird von älteren Sprechern, die die Begriffe der Hochsprache oft nicht verstehen, anstelle von* karr-nij *eher das französische Lehnwort* avion *verwendet.*

Emaon o klask ...	**Pelec'h emañ / ez eus ... ?**
(e')mâwn o klaßk	p(e')lääch (e')mââ / (e')søß
bin^{SIT} am Suchen	*wo ist^{SIT} / VP ist*
Ich suche ...	Wo ist / gibt es ... ?

ar gourhent	ar guurhän(t)	die Autobahn
ur stal-esañs	ør ßtal'eßâß	eine Tankstelle
ein Laden-Benzin		
ur c'harrdi	ør ~~ch~~aardi	eine Werkstatt
ein^{A} ^{a}Autohaus		

Petra zo c'hoarvezet?	**Pelec'h emañ an dalc'h?**
pe'traa so ~~ch~~war'veesät	pe'lääch (e')mââ (â)n dal~~ch~~
was ist geschehen	*wo ist^{SIT} der Problem*
Was ist passiert?	Wo ist das Problem?

Sac'het eo ma c'harr.	**Ur gwallzarvoud am eus bet.**
ßachäd ä(w) ma ~~ch~~aar	ør gwal'sarvud (a)møs beet
angehalten ist mein^{A} ^{a}Auto	*ein Unfall VP-mein ist gewesen*
Mein Auto ist stehen geblieben.	Ich habe einen Unfall gehabt.

... und ohne Auto / per Anhalter

Da belec'h emaoc'h o vont?
da b(e')lääch (e')mâwch o vôn(t)
nach^{L} ˈwo seid(-ihr)^{SIT} am^{M} ^{m}Gehen
Wo soll es hingehen?

D'ar gêr dostañ / war-du an aod.
dar gär tòßtâ / war'düü ân òòt
nach-die^{L} ˈStadt ˈnächste / auf-Richtung die Küste
In die nächste Stadt / Richtung Meer.

Mat eo deoc'h kas ac'hanon da Vrest?
maad ä(w) d(e)ò~~ch~~ kaas (a'ch)ânôn da vräßt
gut ist zu-euch führen von-mir nach^{L} ˈBrest
Könnten Sie mich nach Brest mitnehmen?

Pignit (er c'harr).
pînjid er ~~ch~~aar
klettert! (in-der^{A} ^{a}Auto)
Steigen Sie ein!

Chañs 'peus.
châß pøß
Glück euer-ist
Sie haben Glück.

Emaon o vont gant hoc'h hent.
(e')mâwn o vôn(d) gân(d) òch hên(t)
bin am^{M} ^{m}Gehen mit euer Weg
Ich fahre in Ihre Richtung.

Arsav!
arsaw
halt!
Halt!

Ret eo din diskenn amañ.
reed ä(w) dîîn dißkän âmâ
notwendig ist zu-mir aussteigen hier
Ich muss hier aussteigen.

Die Chancen, beim „Spiel mit dem Daumen“ (c'hoari biz-meud) *(= Trampen) mitgenommen zu werden, sind in der Bretagne nicht allzu schlecht. Übrigens: Eine Reihe gut erschlossenener Wege (auch Reitwege) führen durch die Heide oder entlang der Küste.*

Eine Auswahl von Städtenamen finden Sie im Anhang. Achtung: Nach Richtungsangaben mit da *(zu, nach) tritt eine weiche Mitlautänderung ein.*

in der Stadt

Gerade in größeren Städten werden Sie in den Straßen kaum Bretonisch hören. Zumindest in den Städten der Niederbretagne und auch an einigen ausgewählten Plätzen der Hauptstadt Rennes wurden in den letzten Jahren jedoch eine Reihe zweisprachiger Hinweisschilder aufgestellt. Hier eine kleine Auswahl:

In manchen Orten wie z. B. Quimper informieren große, zweisprachige Tafeln auch über die wichtigsten Sehenswürdigkeiten.

Bretonisch	Französisch	
ti-gar, porz-houarn	gare	Bahnhof
ti-bank	banque	Bank
aerborzh	aéroport	Flughafen
porzh	port	Hafen
kreiz-kêr	centre-ville	Innenstadt
iliz	église	Kirche
ospital	hôpital	Krankenhaus
mirdi	musée	Museum
park-kirri, parklec'h *(m)*	parking	Parkplatz
komiserdi	commissariat	Polizei(revier)
ti-post	poste	Postamt
ti-kêr	hôtel de ville	Rathaus
poull-neuial	piscine	Schwimmbad
c'hoariva	théatre	Theater
ti an douristed	office du tourisme	Touristen-information
da bep lec'h	toutes directions	alle Richtungen
da lec'h all	autres directions	andere Richtungen

e-barzh	entrée	Eingang
er-maez	sortie	Ausgang
pountit	poussez	drücken
sachit	tirez	ziehen

Auch in öffentlichen Einrichtungen findet man immer öfter nebenstehende Aufschriften.

Pelec'h emañ an arsav-bus / an ti-gar?
p(e')lääch (e')mââ (â)n arßaw'büß / (â)n ti'gaar
*wo ist*SIT *der Halt-Bus / der Haus-Bahnhof*
Wo ist die Bushaltestelle / der Bahnhof?

Ahont, e korn ar ru, dirak an ti-kêr emañ.
aôn(t) e kòrn ar rüü di'raag ân ti'käär (e')mââ
*dort, in Ecke die Straße vor der Haus-Stadt ist*SIT
Dort drüben an der Ecke vor dem Rathaus.

straed *(w)*	ßträät	Straße, Gasse
ru *(w)*	rüü	Straße (Stadt)
gouleier *(m Mz) Lichter*	gu'läjär	Ampel
plasenn *(w)*	plaßän	Platz
kroashent *(m)*	krwaßän(t)	Kreuzung
kroashent-tro *(m)*	krwaßän'troo	Kreisverkehr

Orientierungspunkte

Die wichtigsten Richtungsangaben finden Sie in der rechten inneren Umschlagklappe.

Kit gant ar straed-mañ.
kid gân(d) ar ßträädmâ
geht! mit die Straße-diese
Gehen Sie diese Straße entlang.

Troit a-gleiz / a-zehoù.
trooid a'gläiß / a'zeu
abbiegt! links / rechts
Gehen Sie nach links / rechts.

N'on ket eus ar vro.
nôôn ked øs ar vroo
*NP'bin nicht aus die*L *'Land*
Ich bin nicht von hier.

N'ouzon ket.
nuusôn keet
NP'weiß(-ich) nicht
Ich weiß nicht.

Auf dem Land

In ländlichen Gebieten der Niederbretagne ist die Wahrscheinlichkeit, Leute Bretonisch sprechen zu hören, ungleich höher. Vor einigen Dörfern stehen sogar Schilder mit der Aufschrift: Amañ e vez komzet brezhoneg *(Hier wird Bretonisch gesprochen).*

Auch wenn heute jeder jüngere Erwachsene fließend Französisch spricht, werden Sie bei einem Ausflug aufs Land möglicherweise noch auf ältere Leute treffen, die Französisch nur als Fremdsprache in der Schule gelernt haben. In jedem Fall aber sprechen ältere Bretonen immer noch eher Bretonisch als Englisch!

Mar plij, pelec'h emañ an hent (gwelloc'h) da ... ?
mar pliisch p(e')lääch (e')mââ (â)n ên(d) gwälòch da
wenn beliebt, wo ist der Weg (beste) nach[L]
Entschuldigung, welches ist der (beste) Weg nach ... ?

Kit gant ar stêr-mañ.
kid gân(d) âr ßtäärmâ
geht mit die Fluss-diese
Folgen Sie dem Fluss hier!

Treuzit ar pont.
trøøzid ar pôn(t)
überquert die Brücke
Überqueren Sie die Brücke!

Gallout a rit diskouez din war ar gartenn-henchoù?
galud (a) rid dißkwä(s) dîîn war ar gartän'hänschu
können VP tut(-ihr) zeigen zu-mir auf die[L] *ˈKarte-Wege*
Können Sie mir das auf der Karte zeigen?

Kollet eo ma hent ganin.
kòläd ä(w) ma hên(d) gâ'nîin
verloren ist mein Weg mit-mir
Ich habe mich verlaufen.

hent *(m)*	hên(t)	Weg, Straße *(auf dem Land)*
gwenodenn *(w)*	gwê'noodän	Pfad
kalvar *(m)*	kalvar	Wegkreuz, „Kalvarienberg"
chapel *(w)*	schapäl	Kapelle
iliz *(w)*	iiliß	Kirche
kloz iliz *(m)*	klos 'iiliß	umwehrter Pfarrhof
kastell *(m)* [*Mz* **kistilli**]	kaßtäl	Burg
dismantr *(m)*	dismânt(r)	Ruine
kêr *(w)*	käär	Stadt; Heim
kêriadenn *(w)*	kä'rjaadän	Städtchen, Dorf
lann *(w)*	lân	Heide
koad *(m)*	kwaat	Wald, Gehölz
lenn *(w)*	län	See, Weiher
loc'h *(w)*	lòòch	See, Teich
run *(w)*	rûûn	Hügel, Anhöhe
menez *(m)*	mêênä(ß)	Berg
park *(m)*	park	Feld
prad *(m)*	praat	Wiese, Weide
gwazh *(w)*	gwaaß	Bach
stêr *(w)*	ßtäär	Fluss
traoñienn *(w)*	trâwjän	Tal
pont *(m)*	pôn(t)	Brücke
panell-hent *(w)*	pâänäl'hên(t)	Straßenschild
gwez *(Koll)*	gweeß	Bäume

Weithin sichtbar sind die kloziou iliz *(umwehrte Pfarrhöfe), die meist um einen Friedhof herum angelegt sind und typischerweise aus Kirche, Beinhaus, Triumphtor und „Kalvarienberg"* (kalvar) *bestehen, der das Leiden Christi illustriert. Die prächtigsten Anlagen, die wie die zahlreichen Landkirchen und Kapellen aus dem 16. und 17. Jahrhundert stammen, befinden sich im Léon.*

Peseurt kêr eo?
pe'ßört käär ä(w)
welche Stadt ist
Wie heißt dieser Ort?

Gwimilio eo.
gwi'milio ä(w)
Guimiliau ist
Das ist Guimiliau.

Digor eo an iliz?
diigòr ä(w) ân iiliß
offen ist die Kirche
Ist die Kirche geöffnet?

Menhire & Dolmen

Die ein bis fünf Meter hohen Hinkelsteine haben übrigens nichts mit den Galliern zu tun, sondern sind bedeutend älter (einige bis zu 6000 Jahre). Ihre Bestimmung ist bis heute unbekannt. Die Abstände zwischen den Steinen und ihre Ausrichtung lassen allerdings auf eine kultische Funktion schließen.

Eine weitere Touristenattraktion sind die Megalithfelder im Süden der Bretagne. Die größte Anlage befindet sich unweit von Karnag (frz. *Carnac*). Dort gibt es fast 3000 Menhire, die in so genannten Alleen angeordnet sind.

Tu zo da weladenniñ ar peulvanoù?
tüü so da wela'dänî ar pøl'vânu
Möglichkeit ist zu[L] ˈbesichtigen die Hinkelsteine
Kann man die Hinkelsteine besichtigen?

Pegeit emañ al lec'hienn diouzh Karnag?
pe'gäjd (e')mââ (a)l läächiän diuß karnak
wie-weit ist[SIT] die Gelände von Carnac
Wie weit ist die Anlage von Carnac entfernt?

Tostik-tost emañ.
tòßtik'tòßt (e')mââ
sehr-nah ist
Das ist ganz in der Nähe.

N'emañ ket pell ac'hann.
(ne')mâ ke(t) päl a'chân
NP'ist nicht weit von-hier
Das ist nicht weit von hier.

Se a ra pemp munutenn gant ar c'harr.
ße (a) raa päm(b) mû'nütän gân(d) ar c'haar
das VP macht fünf Minute mit der[A] [a]Auto
Das dauert fünf Minuten mit dem Auto.

Gallout a ran mont war droad?
galud (a) rân môn(d) war'drwaat
können VP tue(-ich) gehen auf[L] 'Fuß
Kann ich zu Fuß gehen?

Ya 'vat. N'eus nemet un daou gilometr bennak.
jaa vat nøs (ne')mäd øn dòw gilo'mät(r) bä'naak
ja doch NP'ist nur ein zwei[L] 'Kilometer irgend
Aber ja, das sind nur ungefähr zwei Kilometer.

Ein Dolmen besteht aus mehreren Hinkelsteinen, die mit einer großen Steinplatte zur Form eines Tisches zusammengesetzt sind (daher der Name). Ein Tumulus ist ein Erdhügel, der eine Grabkammer bedeckt. Befinden sich mehrere Grabkammern in einem solchen Hügel, nennt man ihn Cairn.

Die Bezeichnungen „Menhir" und „Dolmen" stammen übrigens aus dem Bretonischen: Dolmen setzt sich aus (an) daol *(Tisch) und* mean *(Stein) zusammen, Menhir ist eine (wissenschaftliche) Wortbildung aus* maen *(Stein) und* hir *(lang).*

ale goloet *(w)* *Allee bedeckt*	aalä go'looät	Ganggrab
karn *(w)*	karn	Cairn
krommlec'h *(m)*	krômlä~~ch~~	Steinkreis
krugell *(w)*	krüügäl	Tumulus
peulvan *(m)*	pølvân	Hinkelstein
taol-vaen *(w)* *Tisch[L]-'Stein*	tòl'vêên	Dolmen
maen-hir *(m)* [*Mz* **mein-hir**]	mê'niir	Menhir

© MP

Megalithfeld bei Carnac, Bretagne

Im Volksmund werden die Dolmen auch ti-korriganed, *und die Ganggräber auch* ti-boudiged *genannt, weil man glaubte, dass sie von Zwergen* (korriganed) *und Feen* (boudiged) *bewohnt würden.*

Glaubt man den zahlreichen Sagen und Legenden, wimmelt es im bretonischen Hinterland nur so von Feen, „Korriganen" und anderen Wesen. Beide Kreaturen müssen außerordentlich winzig sein: korrigan ist eine doppelte Verkleinerung von korr *(Zwerg)*, und boudig *(Fee)* leitet sich von boud *(Wesen)* ab. Wundern Sie sich also nicht, wenn Sie keine zu Gesicht bekommen ...

Ein eher unangenehmer Zeitgenosse ist der Ankou *(„Gevatter Tod")*, der auf einem knarrenden Karren durch das Land ziehen soll. An den Beinhäusern wird er oft als Knochenmann mit Sense dargestellt. Das Tor zur Unterwelt befindet sich übrigens im Westen der Bretagne, in den Menez Are (frz. *„Monts-d'Arée"*). Sollten Sie bei Einbruch der Dunkelheit in dieser Gegend unterwegs sein, sind Sie gut beraten, sich eine Unterkunft zu suchen!

Am Meer

Wenn Sie baden möchten, sollten Sie auf die Farbe der Fähnchen achten: Eine blaue Fahne steht für einen sauberen Strand. Rot bedeutet „Baden verboten“, eine grüne Fahne „Baden erlaubt“.

C'hoariomp bouloù!
chwa'riôm bulu
spielen(-wir)! Kugeln
Spielen wir Boules!

Deomp en dour!
deôm(b) ên duur
gehen(-wir)! in-der Wasser
Gehen wir ins Wasser!

Arabat kouronkañ!
a'raabat ku'rôngkâ
verboten baden
Nicht baden!

Rust eo ar mor.
rüßt ä(w) ar moor
rau ist der Meer
Das Meer ist unruhig.

aod *(w)*	òòt	Küste
mor *(m)*	moor	Meer
mor-bras *(m)*	mor'braaß	Ozean
mor-bihan *(m)*	mor'biiân	Golf
enez *(w)* [*Mz* **inizi**]	êênäß	Insel
tour-tan *(m)*	tur'tâân	Leuchtturm
traezh *(m)*	trääß	Sand
traezhenn *(w)*	trääsän	Sandstrand
banniel *(m)*	bânjäl	Fahne
gouelan *(m)* [*Mz* **gouelini**]	gweelân	Möwe
stered-mor *(Koll)*	ßteeräd'moor	Seesterne
morganez *(w)*	mor'gâânäß	Meerjungfrau
houl *(Koll)*	huul	Wellen

Der Unterschied zwischen Ebbe (izelvor) und Flut (uhelvor) kann in der Bretagne mitunter sehr groß ausfallen. Vor St.-Malo beträgt er rund 12 Meter. Auch wenn man bei Ebbe nicht sehr weit hinauslaufen kann, kommt es regelmäßig vor, dass Touristen, die sich bis zu den vorgelagerten Inseln gewagt haben, von der Flut überrascht werden und so lange dort bleiben müssen, bis das Meer den Rückweg wieder freigibt.

Poent eo deomp distreiñ.	**Emañ ar mor o sevel.**
pwên(d) ä(w) deôm(b) dißʼträî	(eʼ)mââ (a)r moor o ßeeväl
*Zeitpunkt ist*SIT *zu-uns umkehren*	*ist*SIT *der Meer am Steigen*
Wir müssen zurück.	Die Flut kommt.

Le Mont Saint-Michel

Übernachten

Am günstigsten übernachten Sie in einem *„chambre d'hôte"* *(Pension mit Frühstück)*. Nach englischem Vorbild *(Bed & Breakfast)* wird diese Übernachtung im Bretonischen oft scherzhaft bod ha boued *(Bleibe u. Verpflegung)* genannt.

Gallout a ran sevel ma zeltenn amañ?
galud (a) rân ßeeväl ma sältän âmâ
können VP tue(-ich) bauen mein[A] [a]Zelt hier
Kann ich hier mein Zelt aufschlagen?

Wer unter freiem Himmel zelten will, frage vorher um Erlaubnis! Preiswert, aber in den Sommermonaten z. T. recht überfüllt, sind auch die zahlreichen Jugendherbergen und Campingplätze.

Anavezout a rit un ostaleri marc'had-mat dre amañ?
âna'vee(s)ud (a) rid øn oßta'leeri mar~~ch~~a(d)'maad dre âmâ
kennen VP tut(-ihr) ein Gasthaus billig bei hier
Kennen Sie eine billige Unterkunft hier in der Nähe?

ti ar yaouankiz *(m)* *Haus die Jugend*	tii ar yòwângkiß	Jugendherberge
ostaleri *(m)*	oßta'leeri	Gasthaus
leti *(m)*, **otel** *(m)*	leti, òtäl	Hotel
tachenn-gampiñ *(w)* *Gelände[I-L]Camping*	taschän'gâmpî	Campingplatz

Tu zo da gaout ur gambr / ur gwele evit an noz-mañ?
tüü so da gaud ør gâmp(r) / ør gweelä (e')vid ân noosmâ
Möglichkeit ist zu[L] [I]haben eine[L] [I]Zimmer / ein Bett für die Nacht-diese
Hätten Sie ein Zimmer / ein Bett für heute Nacht?

Kaufen & Handeln

Ein besonderes Erlebnis sind Wochenmärkte. Dort können Sie nicht nur Obst, Gemüse, Fleisch und Geflügel frisch vom Bauern kaufen, sondern auch typische Erzeugnisse der Region wie bretonischen Käse, bretonisches Bier, Cidre und Meeresfrüchte.

Märkte sind eine gute Gelegenheit, die eigenen Bretonisch-Kenntnisse auszuprobieren.

Digarezit ac'hanon, Aotrou / Itron.
diga'reesid (a'ch)ânôn òtru / i'trôôn
entschuldigt! mich Herr / Dame
Entschuldigen Sie, mein Herr / meine Dame.

Petra 'c'hallan ober evidoc'h?
pe'traa chalân oobär (e')viidòch
was kann(-ich) tun für-euch
Was kann ich für Sie tun?

Obst & Gemüse

Die meisten Früchte sind im Bretonischen Sammelnamen (Kollektiva): patatez *(Kartoffeln). Ihre Einzahl erhalten Sie mit Hilfe der Endung* -enn: ur batatezenn *(eine Kartoffel).*

aval *(m)*	aaval	Apfel
per *(Koll)*	peer	Birne
vi *(m)*	vii	Ei
sivi *(Koll)*	ßiivi	Erdbeeren
karotez *(Koll)*	ka'ròtäß	Karotten
patatez *(Koll)*,	pa'tatäß,	Kartoffeln
aval-douar *(m)* *Apfel-Erde*	aval'duar	Kartoffel *(Ez)*
kerez *(Koll)*	keeräß	Kirschen
saladen *(Koll)*	ßa'laadän	Salat
tomatez *(Koll)*	to'matäß	Tomaten
orañjez *(Koll)*	ò'rââshäß	Orangen
rezin *(Koll)*	rääsîn	Trauben

Roit din daou gilo avaloù-douar hag un dousenn vioù, mar plij.
rooid dĩĩn dòw gilo avalu'duar ag øn dußän viu mar pliisch
gebt! zu-mir zwei[L] *ˈKilo Äpfel-Erde und ein Dutzend Eier wenn beliebt*
Geben Sie mir bitte zwei Kilo Kartoffeln und ein Dutzend Eier.

Im Großen und Ganzen werden dieselben Maßeinheiten verwendet wie bei uns: kilo *(m)* kiilo *(Kilo),* lur *(w)* lüür *(Pfund) und* gramm *(m)* grâm *(Gramm).*

Meeresfrüchte

krank *(m)*	krângk	Krabbe, Krebs
torzhell *(w)*	tòrsäl	Taschenkrebs
grilh-traezh *(m)* *Garnele-Sand*	grilj'trääß	Garnele
grilh-mor *(m)* *Garnele-Meer*	grilj'moor	Languste
kevnid-mor *(Koll)* *Spinnen-Meer*	kâwnid'moor	Seespinnen
legestr *(m)* [*Mz* **ligistri**]	leegäßt(r)	Hummer
istr *(Koll)*	ißt(r)	Austern
meskl *(Koll)*	meßk(l)	Miesmuscheln
rigadell *(Koll)*	ri'gaadäl	Venusmuscheln
krogenn Sant-Jakez *(w)* [*Mz* **kregin ...**]	kròògän sân'shakäß	Jakobsmuschel
pesk *(m)*	peßk	Fisch
harink *(m)*	aarĩngk	Hering
sardin *(Koll)*	ßardĩn	Sardinen

Un dra all ho po c'hoazh?
'øndra al (o) po ~~ch~~waaß
ein[L] *ˈSache anderer euer wird-sein noch*
Darf es sonst noch etwas sein?

Beachten Sie: In der Frage nach dem Preis verwendet man im Bretonischen nicht pet, *sondern* pegement.

Pegement eo?
pe'gêmän(d) ä(w)
wie-viel ist
Wie viel kostet es?

Pegement e koust an dra-se?
pe'gêmän(d) (e) kußt ân draase
wieviel VP kostet der^{L} 'Sache-jener
Wie viel kostet das da?

Seizh euro hag hanter-kant eo en holl.
ßäjsøro ag ântär kân(d) ä(w) ên òl
sieben Euro und halb-hundert Euro VP^{M} ^{m}wird-sein in ganz
Das macht zusammen 7 Euro 50.

In Geschäften, in denen die einzelnen Artikel normalerweise fest ausgezeichnet sind, ist es wie bei uns weniger üblich, mit dem Verkäufer um den Preis zu feilschen. Auf dem Markt kann man es durchaus probieren.

Ker eo 'vat.
keer ä(w) vat
teuer ist(-es) aber
Das ist aber teuer.

Re ger eo evidon.
re geer ä(w) (e')viidôn
zu^{L} 'teuer ist(-es) für-mich
Das ist mir zu teuer.

Mat eo din.
maad ä(w) dîîn
gut ist(-es) zu-mir
Einverstanden.

N'eo ket marc'had-mat.
näke(d) marcha(d)'maat
NP'ist(-es) nicht Markt-gut
Das ist nicht billig.

Kemer a rin an dra-se.
kêmär (a) rîn ân draase
nehmen VP tun-werde(-ich) die Sache-jene
Ich werde es nehmen.

Zu empfehlen sind auch die Läden von „Coop Breizh", einer Kette, die ausschließlich keltische Artikel vertreibt. Neben Postkarten mit traditionellen Motiven und CDs mit bretonischer Musik finden Sie dort auch ein reiches Sortiment an bretonischsprachiger Literatur sowie an Lehr- und Wörterbüchern.

stal *(w)*	ßtaal	Geschäft
stal-levrioù *(w)*	ßtal'lewrju	Buchladen
stal-vutun *(w)*	ßtal'vüütûn	Tabakladen
stal-dilhad *(w)*	ßtal'diljat	Bekleidungs-geschäft
marc'had *(m)*	marchat	Markt
gourmarc'had *(m)*	gur'marchat	Supermarkt
digor	diigòr	geöffnet
serr, serret	ßäär, ßäärät	geschlossen

Typische Mitbringsel sind neben gestreiften Seemannshemden und -pullovern, die Sie überall finden, auch Keramik aus Quimper, traditionell in gelb und blau auf weißem Grund, und Silberschmuck mit keltischen Symbolen.

Al levr-mañ am bo.
al läwrmâ (a')moo
der Buch-dieser VP-mein wird-sein
Ich hätte gern dieses Buch hier.

kartenn-bost *(w)*	kartän'bòßt	Postkarte
levr *(m)*	läwr	Buch
pladenn *(w)*, **CD** *(m)*	plaadän, ßeede	CD
kasetenn *(w)*	'kaßätän	Kassette
bandenn-dreset *(w)*	bândän'dräßät	Comic

Un dro-vrec'h vrav 'm eus gwelet er werenn-stal.
øn drovrääch vraw møs gwääläd er weränʼßtaal
eine^L ˈArmband ˈschön mein ist gesehen in-die^L ˈGlas-Laden
Ich habe im Schaufenster ein schönes Armband gesehen.

Gortozit.	**Emaon o vont da gerc'hat anezhañ.**
gòrtoosit	(e')mâwn o vôn da gärchad (a')nee(s)â
wartet!	*bin^SIT am^M ^mGehen zu^L ˈholen von-ihm*
Moment!	Ich werde es holen.

Mitbringsel & Praktisches

gwalenn *(w)*	gwalän	Ring
tro-vrec'h *(w)*	tro'vrääch	Armband
tro-c'houzoug *(w)*	tro'chuu(su)k	Halskette
ispilhenn *(w)*	i'ßpiljän	Anhänger
kreion *(m)*	kräjôn	Stift
kartenn-henchoù *(w)*	kartän-'hänschu	Landkarte
kazetenn *(w)*	ka'sätän	Zeitung

Ein Symbol, das Sie überall in der Bretagne finden, ist das so genannte triskell (von griech. „*triskeles*“ = „mit drei Beinen“), dessen Form an ein Sonnenrad erinnert.

Das Wahrzeichen der Bretagne schlechthin ist jedoch die bretonische Flagge (ar banniel Breizh), die 1925 von Morvan Marchal entworfen wurde und wegen ihrer Farben nur Gwenn-ha-Du genannt wird. Nach dem Vorbild der US-amerikanischen Flagge besteht sie aus abwechselnd fünf schwarzen und vier weißen Streifen. In der linken oberen Ecke befindet sich ein Feld mit Hermelinen, dem Wappen der bretonischen Herzöge.

Die weißen Streifen symbolisieren die alten bretonischsprachigen Diözesen der Niederbretagne: Kerne *(Cornouaille)*, Leon *(Léon)*, Treger *(Trégor)* und Gwened *(Vannetais)*, die schwarzen stehen für die ursprünglich gallo-, heutzutage größtenteils französischsprachigen Bistümer der Hochbretagne: Roazhon *(Rennais)*, Naoned *(Nantais)*, Dol *(Dolois)*, Sant-Maloù *(Malouin)* und Sant-Brieg *(Penthièvre)*.

Tu zo da gaout an dra-se e ruz / melen / gwer?
tüü so da gaud ân drase e rüü(ß) / meelän / gwer
Möglichkeit ist zu[L] 'haben der Sache-jener in rot / gelb / grün
Hätten Sie das auch in rot / gelb / grün?

gwenn	gwän	weiß
du	düü	schwarz
gris, louet	griiß, lweet	grau
rousdu	rus'düü	braun
glas	glaaß	blau, grün
gwer	gweer	grün
ruz	rüü(ß)	rot
limestra	lî'mäßtra	lila
roz	rooß	rosa
orangez	ò'rââshä(ß)	orange
melen	meelän	gelb

Farben

Nur bei künstlichen Gegenständen wird zwischen glas *(blau) und* gwer *(grün) unterschieden. Alles, was in der Natur vorkommt (Meer, Himmel, Gras ...), ist* glas.

Die Flagge der Bretonen

Fotografieren

Menschen bei Festivals oder Umzügen zu fotografieren, normalerweise kein Problem. Möchten Sie aber Einzelpersonen fotografieren, sollten Sie vorher um Erlaubnis fragen:

Gallout a ran luc'hskeudenniñ ac'hanoc'h?
galud(a) rân lü~~ch~~ßkö'dänî (a'ch)ânò~~ch~~
können VP tue(-ich) fotografieren von-euch
Darf ich Sie fotografieren?

Mat eo deoc'h kemer ur foto ac'hanon / ac'hanomp?
maad ä(w) d(e)ò~~ch~~ kêmär ør foto (a'ch)ânôn / (a'ch)ânôm(p)
gut ist zu-euch nehmen ein Foto von-mir / von-uns
Könnten Sie ein Foto von mir / uns machen?

Fotomaterial ist im Allgemeinen teurer als bei uns; das gilt auch für die Entwicklung bzw. den Ausdruck.

luc'hskeudenn *(w)*	lü~~ch~~'ßkøødän	Foto
foto *(w)*	fòtò	
benveg foto *(m)*	bênväk'fòtò	Fotoapparat
kamera *(m)*	kâ'meera	Kamera
kamera niverel *(m)*		Digitalkamera
koc'henn *(w)*	koochän	Film
koc'henn liv *(w)*	kochän liw	Farbfilm
video *(m)*	vi'deo	Video
filmañ	filmâ	filmen
devlopiñ	de'vlopî	entwickeln

Post, Bank, Telefon & Internet

Bank- und Postgeschäfte werden im Allgemeinen auf Französisch getätigt, wenngleich es Bemühungen gibt, diese Bereiche auch für das Bretonische zu öffnen. Bisher nehmen nur einige Banken wie z. B. die „*Crédit Agricole*“ Schecks auf Bretonisch an.

Post & Bank

Pelec'h ez eus … ?
p(e)'lääch (e')søs
wo VP ist
Wo ist … ?

un ti-bank *(m)* *ein Haus-Bank*	øn ti'bângk	Bank
un ti-post *(m)* *ein Haus-Post*	øn ti'pòßt	Postamt
ur voest-lizheroù *(w)* *eine^L ^IDose-Briefe*	ør vweßtli'seeru	Briefkasten

Die Hauptwörter und Verben stehen in der folgenden Tabelle bereits in ihrer lenierten Form. Sie brauchen Sie nur noch in den Satz einzusetzen.

Pelec'h ez eus tu da … ?
p(e)'lääch (e')søß tüü da …
wo VP ist Möglichkeit zu^L
Wo kann ich … ?

dennañ arc'hant	dênâ archân(t)	Geld abheben
brenân timbroù	brêênâ tîmbru	Briefmarken kaufen
lakaat ul lizher er voest *tun ein Brief in-die^L ^IDose*	la'kaad øl liisär er vweßt	einen Brief einwerfen

Telefonieren Seit der Umstellung auf den Euro gibt es auch in der Bretagne praktisch nur noch Kartentelefone.

Pellgomzer *(Fernsprecher) ist die hochsprachliche Variante. Umgangssprachlich sagt man eher* telefon.

Ur pellgomzer zo dre amañ?
ør päl'gômsär so dre âmâ
ein Telefon ist bei hier
Gibt es hier ein Telefon?

Gallout a ran ober gant ho pellgomzerig?
galud (a) rân oobär gânt o pälgôm'seerik
können VP tue(-ich) machen mit euer Telefon-klein
Darf ich Ihr Handy benutzen?

Wie allgemein in Frankreich üblich, wird sich der Angerufene beim Abheben nicht mit seinem Namen melden. Dafür wird erwartet, dass Sie sich vorstellen.

Alo.	**Alo, Ronan Keravel amañ.**
a'loo	a'loo rônân kä'raaväl âmâ
hallo	*hallo Ronan Keravel hier*
Hallo.	Hallo, hier ist Ronan Keravel.

Gallout a ran komz gant Chan?
galud (a) rân kôms gân(t) schân
können VP tue(-ich) sprechen mit Chan
Kann ich mit Chan sprechen?

Gortozit ur pennad, mar plij.
gor'toosid ør pänat, mar pliisch
wartet! ein Augenblick wenn beliebt
Warten Sie bitte einen Moment.

N'emañ ket er gêr, siwazh.
nemâ keed er gäär ßiwaß
NP'ist(-er/-sie)[SIT] *nicht in-die*[L] *'Heim leider*
Sie (*auch:* er) ist nicht da, tut mir leid.

Peur e vo distro?
pøør (e) vo dißtro
wann VP^{M} ^{m}sein-wird(-er/-sie) zurück
Wann kommt sie (*auch:* er) wieder?

Telefonkarten wie auch Briefmarken bekommen Sie in jedem Tabakladen oder aber bei der Post.

Mar plij, lavarit dezhi em eus galvet / gervel ac'hanon en-dro.
mar plisch la'vaarid de(s)i (e')møß galvät / gärväl (a'ch)ânôn ên'droo
wenn beliebt sagt zu-ihr VP-mein ist angerufen / rufen von-mir zurück
Sagen Sie ihr bitte, dass ich angerufen habe / dass sie mich zurückrufen soll.

Trugarez deoc'h, ha kenavo.
trü'gaare(ß) d(e)ò~~ch~~ a kêna'voo
Dank zu-euch und tschüss
Danke und auf Wiederhören.

Internet

C'hoant 'm eus da welet hag-eñ 'm eus bet posteloù nevez.
~~ch~~wân(d) møs da wäälät a'gê møs beet pò'ßtälu neevä(ß)
Wunsch mein ist zu˪˩sehen ob mein ist gewesen E-Mails neu
Ich würde gern meine E-Mails abrufen.

urzhiataer *(m)* [*Mz* **-ioù**]	ürsja'täär	Computer
moulerez *(w)* [*Mz* **-ed**]	mu'leeräß	Drucker
logodenn *(w)*	lo'goodän	Maus
lenner-... *(m)* [*Mz* **-our**]	länär	...-Gerät
pladenn *(w)*	plaadän	CD
pladennig *(w)*, **diskig** *(m)*	pla'dänik, dißkik	Diskette
kenrouedad *(w)*	kên'rweedat	Internet
postel *(m)*, **lizher-el** *(m)*	pòßtäl, liisä'räl	E-Mail
pellgargañ	päl'gargâ	downloaden

Musik & Tanz

Zu einem richtigen bagad *gehören 21 Musiker: Acht spielen* binioù *(Dudelsack), sechs* bombard. *Vier Tenor-, zwei Basstrommeln sowie eine große Trommel sorgen für die nötige Percussion.*

Musik nimmt in der Bretagne einen hohen Stellenwert ein. Davon zeugen nicht nur eine Vielzahl lokaler Musikgruppen, sondern auch viele international bekannte Interpreten.

Eine typische Musikgruppe besteht aus mindestens zwei Musikern, von denen einer Dudelsack (binioù), der andere Bombarde (bombard), ein oboenähnliches Instrument, spielt. Bei Umzügen und Festivals treten oft mehrere sonerien zusammen auf. Eine solche Gruppe nennt sich bagad *(Truppe)*.

Plijout a ra ar sonerezh keltiek deoc'h?
pliishud(a) ra ar ßô'nääräß käl'tiäg d(e)ò~~ch~~
gefallen VP tut die Musik keltisch zu-euch
Mögen Sie keltische Musik?

Ya, kenañ. Sot on gant ar binioù.
jaa kê'nââ ßood ôn gân(d) ar bî'niu
ja sehr verrückt bin mit der Dudelsack
Ja, sehr. Ich finde den Dudelsack toll.

typische Instrumente

akordeoñs *(m)*	akòr'deôß	Akkordeon
binioù *(m)*	bî'niu	Dudelsack
binioù kozh	bî'niu 'kooß	alter (bretonischer) Dudelsack
binioù bras	bî'niu 'braaß	großer (schottischer) Dudelsack
binioù ilin	bî'niu 'iilîn	kleiner (irischer) Dudelsack)

bombard *(w)*	bômbart	Bombarde
gitar *(m)*	gitar	Gitarre
telenn *(w)*	teelän	Harfe
treujenn gaol *(w)*	trøshän 'gòòl	Klarinette

Peseurt kaner a blij deoc'h ar muiañ?
pe'ßört kâânär (a) bliish d(e)ò~~ch~~ ar m~~ü~~iâ
welcher Sänger VP^{L} *ˈgefällt zu-dir der meiste*
Welchen Sänger magst du am liebsten?

Alan Stivell evel-just.
alân ßtiiväl (e')väl'shüßt
Alan Stivell natürlich
Alan Stivell natürlich.

Ya, ne gan ket fall.
jaa ne gâân ke(t) fal
ja NP^{L} *ˈsingt(-er/-sie) nicht schlecht*
Ja, der singt nicht schlecht.

O seniñ 'vi fenoz?
o sêênî vi fe'nooß
am Spielen sein-wird(-er/-sie) heute-Nacht
Spielt er heute Abend?

Musiker

kaner	kâânär	Sänger
kanourez	kâ'nuuräß	Sängerin
soner	ßôônär	Musiker
biniaouer	bîni'òwär	Dudelsackspieler
talabarder	tala'bardär	Bombardespieler
gitarour	gi'taarur	Gitarrist

Aufgrund der Bewegung, die dieser Wechselgesang mit sich bringt, ist der kan ha diskan *auch eine typische Begleitung für traditionelle Tänze.*

Charakteristisch für die bretonische Musik ist die Liedform des kan ha diskan *(Gesang und Gegengesang)*, bei dem der erste Sänger, der kaner, eine Zeile vorgibt, die von einem zweiten, dem diskaner, wiederholt wird (dies geht das ganze Lied hindurch so weiter).

Weitere traditionelle Liedformen sind kanouenn, ein (meist) religiöser Gesang, gwerz, ein Klagelied, das *a cappella* vorgetragen wird, und son, ein fröhliches Trinklied. Gesungen wird natürlich auf Bretonisch.

Son ar chistr (das Lied vom Cidre)

Ein berühmtes Trinklied, der son ar chistr, wurde in den 1980er-Jahren von der Gruppe Bots unter dem Titel „Sieben Tage lang“ auch ins Deutsche übertragen. Geht es in der deutschen Fassung um Solidarität, dreht sich in der bretonischen alles um die Liebe. – Hier der Refrain:

Ev chistr 'ta, Laou, ar chistr zo mat, loñla, *(3x)*
eef schißt ta lòw ar schißt ßo maat lôôla
trink! Cidre doch Laou der Cidre ist gut lola
So trink doch Cidre, Laou, der Cidre ist gut, lala.

Ur blank, ur blank ar chopinad, loñla. *(2x)*
'ørblângk 'ørblângg ar schò'pî'naat lôôla
ein Sou ein Sou der Krug-voll lola
Ein Groschen, ein Groschen für den Krug, lala.

Die Strophen lauten:

Ar chistr zo graet 'vit bout evet
ar schißt ßo gрääd vid buud e'väät
der Cidre ist gemacht für sein getrunken
Cidre ist zum Trinken da

Hag ar merc'hed 'vit bout karet
ag ar mär'~~ch~~ääd vid buud ka'rääť
und die Mädchen für sein geliebt
und Mädchen, um geliebt zu werden.

Karomp pep hini e hini
ka'rôm peb îini e î'nii
lieben(-wir)! jeder welcher seine welche
Jeder von uns soll sein Mädchen lieben,

'Vo kuit da zen kaout gwarizi
voo k~~ü~~id da sêên kaud gwari'sii
wird-gehen fort zu[L] ˈMenschen haben Eifersucht
dann ist niemand mehr eifersüchtig.

Eürusañ tud war an douar
eu'rüßâ tuud war ân du'aar
glücklichste Menschen auf der Erde
Am glücklichsten auf der Welt

Zo daou zen yaouank a'n em gar
so dòw sêên jò'wângg a'nêm gaar
ist zwei[L] ˈMensch jung VP'sich[L] ˈliebt
sind zwei junge Leute, die sich lieben.

Daou zen yaouank n'em garont ket
dòw sêên jò'wângk nêm gaarôn keet
zwei[L] ˈMensch jung NP'sich[L] ˈlieben nicht
Zwei jungen Leuten, die sich nicht lieben,

'Gav hir an amzer ha kalet.
gaw hiir ân âmsär a ka'lääť
ˈfindet lang die Zeit und hart
kommt die Zeit lang und hart vor.

Fest-noz (Fest-Nacht)

Falls Sie Gelegenheit dazu haben, sollten Sie bei Ihrem Aufenthalt in der Bretagne unbedingt einmal einen bretonischen Tanzabend, ein fest-noz *(Fest-Nacht)*, besuchen. Findet eine

Aktuelle Termine für festoù-noz *und* festoù-deiz *finden Sie im Internet unter* www.fest-noz.org, *einer französischsprachigen Seite.*

Tanzveranstaltung bereits am Nachmittag statt, nennt man sie fest-deiz *(Fest-Tag)*. Die meisten bretonischen Tänze, wie gavotenn *(Gavotte)*, dañs plin oder dañs fisel, werden in der Runde getanzt: Bei einer Gavotte geht die Gesamtbewegung der Tanzgesellschaft nach rechts, bei Plin und Fisel vor und zurück. Der Plin, der zudem sehr eng getanzt wird, mit dem rechten über dem linken Arm des benachbarten Tänzers, ist wie die Gavotte sehr leicht zu lernen. Weitere leichte Tänze sind an dro *(die Runde)* und an hanterdro *(die Halb-Runde)*. Beim Fisel, bei dem die Bewegung in kleinen Sprüngen erfolgt, sollten Sie als Anfänger besser erst einmal nur zuschauen.

Gouzout a rit dañsal?
guusud (a) rid dâßal
wissen VP tut(-ihr) tanzen
Können Sie tanzen?

Ne ran ket.
ne rân keet
NP tue(-ich) nicht
Nein.

Gallout a rit deskiñ din?
galud (a) rid deßkî dîin
können VP tut(-ihr) zeigen zu-mir
Könnten Sie es mir beibringen?

Ya, sur.
jaa ßüür
ja sicher
Ja, natürlich.

N'eo ket diaes tamm ebet.
näke(d) diäß tâm (e')beet
NP'ist(-es) nicht schwer Stück kein
Es ist überhaupt nicht schwer.

Auch sollten Sie darauf gefasst sein, dass nie nur eine Gavotte, ein Plin oder Fisel getanzt wird, sondern immer gleich eine ganze Suite, d. h. zwei schnelle Tänze und ein langsamerer dazwischen. Dieser langsame Tanz, der bal, wird meist daou-ha-daou, d. h. paarweise getanzt, und dient dazu, Kräfte für die abschließende schnelle Runde zu sammeln. Charakteristisch ist der bal einer Gavotte, auch tamm-kreiz („*Stück-Kreis*") genannt, bei dem sich Tänzer und Tänzerinnen gegenseitig am kleinen Finger halten und die Hände im Rhythmus der Musik auf und ab bewegen.

Auch wenn die Regeln heute nicht mehr so streng sind wie früher, sollte man darauf achten, sich als Neuankömmling niemals rechts neben einem Tänzer einzuordnen. Diese Seite bleibt normalerweise der jeweiligen Partnerin vorbehalten!

Plijadur ho peus bet?	**Ya 'vat.**
pli'shaadür (o) pøs beet	jaa vat
Vergnügen euer ist gewesen	*ja doch*
Hat es Ihnen Spaß gemacht?	Aber ja.

Sec'hed bras zo deuet din.	**Tomm eo din.**
ßäächäd braaß ßo døø(ä)d dĩin	tòm ä(w) dĩin
Durst groß ist gekommen zu-mir	*warm ist zu-mir*
Jetzt hab' ich aber einen Riesendurst.	Mir ist warm.

Dass bei einem richtigen fest-noz nicht nur getanzt, sondern auch getrunken wird, versteht sich von selbst. Nicht ohne Grund ist die Trinkeslust der Musiker im Bretonischen sprichwörtlich:

Mezv on evel ur soner.
mä(s)w ôn (e')väl ør ßôônär
betrunken bin wie ein Musiker
Ich bin betrunken wie ein Musiker.

Flirt & Liebe

Französischen Männern wird oft nachgesagt, dass sie offensiver flirten als Deutsche, und Bretonen sind da sicherlich keine Ausnahme. Dennoch sollten Sie als Gast nicht versuchen, mit den Einheimischen mitzuhalten.

„Flirten“ heißt im Bretonischen dousetiñ. Halten Jungen nach Mädchen Ausschau, sagt man merc'heta, umgekehrt paotreta. Die Endung -eta, an ein Hauptwort angehängt, bezeichnet dabei die Tätigkeit des Suchens oder Fangens. Man geht in der Bretagne also auf „Mädchen- oder Jungenfang“, gerade wie man auch fischen geht oder Krabben fängt (pesketa bzw. kranketa).

Ar wech kentañ eo dit da zont amañ?
ar wäsch kêntâ ä(w) diid da zôn(d) âmâ
die Mal erstes ist zu-dir zu[L] 'kommen hier
Bist du zum ersten Mal hier?

Da-unan emaout?
da'ûûnân (e')mòwt
dein-eins bist[SIT]
Bist du allein?

Plijout a rez din.
pliishud (a) res dîîn
gefallen VP tust zu-mir
Du gefällst mir.

Daoulagad kaer 'teus.
dòwlagat käär tøß
Augen schön hast
Du hast schöne Augen.

Koant out.
kwân(d) uut
hübsch bist
Du bist hübsch.

Joa 'm eus ouzhit.
shwaa møs uusit
Freude mein ist gegen-dich
Ich hab dich gern.

Emaon e karantez ouzhit.
(e')mâwn e ka'rântä(s) uusit
bin[SIT] *in Liebe gegen-dich*
Ich bin in dich verliebt.

Ihre Liebste nennen die Bretonen ma labousig *(mein Vögelchen). Wer es etwas altmodischer mag, sagt auch* ma dousig *(meine Süße).*

Me da gar. *(oder:)* **Da garout a ran.**
mee da gaar
ich dein[L] *'liebe*
Ich liebe dich.

da gaarud (a) rân
dein[L] *'lieben VP tue(-ich)*
Ich liebe dich.

C'hoant 'meus da bokat dit.
~~ch~~wân(d) møs da bokad diit
Wunsch mein-ist zu[L] *'küssen zu-dir*
Ich möchte dich küssen.

C'hoant 'meus da kousket ganit.
~~ch~~wân(d) møs da kußkäd gâ'niit
Wunsch mein-ist zu schlafen mit-dir
Ich möchte mit dir schlafen.

Un tok zo ganit?
'øntok ßo gâ'nîît
ein Hut ist mit-dir
Hast du ein Kondom dabei?

Kemer a rez ar bilulenn?
kêmär (a) res ar bi'lüülän
nehmen VP tust die[L] *'Pille*
Nimmst du die Pille?

lästige Verehrer abwehren

Ur gwaz / Ur mignon am eus!
'ørgwas / ør mînjôn (a')møß
ein Ehemann / ein Freund VP-mein ist
Ich habe einen Mann / einen Freund!

Ne fell ket din.
ne fäl ke(d) dîîn
NP will nicht zu-mir
Ich will nicht.

Paouez da dregasiñ ac'hanon!
pòwäs da dre'gaßî (a'ch)ânôn
aufhör! zu^L 'plagen von-mir
Hör auf mich zu nerven!

Oder noch deutlicher:

Sach da skasoù ganit!
ßash da ßkaßu gâ'niit
zieh! deine Stelzen mit-dir
Hau ab!

Ro peoc'h din!
roo päw~~eh~~ dîîn
gib! Frieden zu-mir
Lass mich in Ruhe!

Krank sein

Zwar ist das Gesundheitswesen eine uneingeschränkte Domäne des Französischen, bei kleineren Wehwehchen können Sie sich im Notfall aber auch mit dem Bretonischen behelfen.

Klañv / Skuizh on.
klâw / ßk~~ü~~iis ôn
krank / müde bin
Ich bin krank / müde.

N'emaon ket em aez.
(ne')mâwn ked êm ääß
NP'bin^SIT nicht in-mein Komfort
Ich fühle mich nicht wohl.

Aiou!
a'juu
au
Au!

Poan 'teus en un tu bennak?
pwâân tøß ên 'øntü bä'naak
Pein hast in ein Stelle irgend
Tut dir etwas weh?

Poan-benn 'meus.	**Droug penn 'meus.**
pwân'bän møß	druk'pän møß
Pein└┘Kopf mein-ist	*Übel Kopf mein-ist*

Ich habe Kopfschmerzen.

Kombinieren Sie poan *bzw.* droug *mit einem Körperteil. Da* poan *weiblich ist, werden alle weiteren Wörter leniert, nach* droug *bleiben sie gleich.*

brec'h *(w)* [*Zz* **divrec'h**]	brää~~ch~~	Arm
lagad *(m)* [*Zz* **daoulagad**]	laagat	Auge
kof *(m)*	koof	Bauch
gar *(w)* [*Zz* **divhar**]	gaar	Bein
c'hwezhigell *(w)*	~~ch~~we'siigäl	(Harn-)Blase
ilin *(m)* [*Zz* **daouilin**]	iilîn	Ellbogen
biz *(m)* [Mz **bizied**]	biiß	Finger
troad *(m)* [Mz **treid**]	trwaat	Fuß
gouzoug *(m)*	guu(su)k	Hals, Rachen
dorn *(m)* [*Zz* **daouarn**]	dòrn	Hand
kalon *(w)*	kaalôn	Herz
penn-adreñv *(m)*	pä'nadrêw	Hintern
groñj *(m, w)*	grôôsch	Kinn
glin *(m)* [*Zz* **daoulin**]	glîîn	Knie
penn *(m)*	pän	Kopf
skevent *(m Mz)*	ßkeevän(t)	Lunge
genoù *(m)*	gêênu	Mund
kilpenn *(m)*	kilpän	Nacken
fri *(m)*	frii	Nase
lounezh *(w)* [*Mz* **-i**]	lûûnäß	Niere
skouarn *(w)* [*Zz* **divskouarn**]	ßkuarn	Ohr
kalc'h *(m)*	kal~~ch~~	Penis
kein *(m)*	käjn	Rücken
skoaz *(w)* [*Zz* **divskoaz**]	ßkwaa(ß)	Schulter
forzh *(m)*	fòrß	Vagina
dant *(m)* [*Mz* **dent**]	dân(t)	Zahn

Krank sein

Torret / Devet eo ma brec'h.
tòräd / däävād ä(w) ma brää~~ch~~
gebrochen / verbrüht ist mein Arm
Ich habe mir den Arm gebrochen / verbrüht.

Riv am eus tapet.
riw (a')møß tapät
Erkältung VP-mein ist gefangen
Ich habe mich erkältet.

Terzhienn am eus, a gredan.
tär(s)jän (a')møß a greedân
Fieber VP-mein-ist VPL ˈglaube(-ich)
Ich glaube, ich habe Fieber.

> *Nach einem Gläschen zu viel haben Bretonen am nächsten Morgen übrigens keinen „Kater", sondern* terzhienn logod *(„Mäusefieber").*

paz *(m)*	paaß	Husten
sifern *(m)*	ßiifärn	Schnupfen
terzhienn *(w)*	tär(s)jän	Fieber
arwezh *(w)*	arwäß	Grippe
foerell *(w)*, **sklis** *(m)*	fwääräl, ßkliß	Durchfall
kaledigezh *(w)*	kale'diigäß	Verstopfung
droug-mor *(m)*	drug'moor	Seekrankheit

Ur banne dour hag un Aspirin zo ganeoc'h?
ør bâne duur ag øn a'ßpiirîn so gâ'n(e)ò~~ch~~
ein Schluck Wasser und eine Aspirin ist mit-euch
Hätten Sie einen Schluck Wasser und Aspirin?

Trugarez, bremaik ez ay gwelloc'h ganin.
trü'gaare(ß) brê'maig (e')saj gwälòch gâ'nîin
Dank bald VP geht(-es) besser mit-mir
Danke, gleich geht es mir besser.

Gwelloc'h eo dit mont da welout ar medisin / an dentour.
gwälòch ä(w) diid môn da wäälud ar me'dißîn / ân dêntur
besser ist zu-dir gehen zu^L 'sehen der Arzt / der Zahnarzt
Du gehst besser zum Arzt / zum Zahnarzt.

Wenn es gar nicht besser wird, bleibt nur der Gang zum Arzt.

Pelec'h emañ an ospital tostañ?
p(e')lääch (e')mââ (â)n oß'pital tòßtân
wo ist[SIT] der Krankenhaus nächste
Wo ist das nächste Krankenhaus?

Kit da c'helver ur medisin!
kid da chälvär ør me'dißîn
geht! zu[L] 'holen ein Arzt
Rufen Sie einen Arzt!

Im Hafen von Dinan

Schimpfen & Fluchen

Beim Schimpfen gilt wie bei den Liebesschwüren: besser nur verstehen als selbst benutzen. Noch einigermaßen salonfähig ist **Chaous!** (*„Soße“, = Mist!*). Deftiger ist **Kaoc'h!** *(Sch***!)* oder gar **Gast!** *(Nutte)*. Beide Wörter sollten Sie besser nicht in den Mund nehmen!

Boulc'hurun!	**Mallozh Doue!**	**Ma sac'h!**
bul'~~ch~~üürûn	malòs duue	ma ßaa~~ch~~
Donnerschlag	*Fluch Gott*	*mein Sack*
Zum Donnerwetter!	Herrgott noch mal!	Verdammt!

Nicht minder reichhaltig ist das Bretonische an Ausdrücken, die ungeliebten Personen an den Kopf geworfen werden:

Paourkaezh genoueg! *arm Idiot*	pòwrkäs gê'nòwäk	Armer Trottel!
Pezh lous! *Stück dreckig*	pees 'luuß	Schuft!
Beg bras! *Schnabel groß*	beg'braaß	Großmaul!
Penn-koad! *Kopf-Holz*	pän'kwaat	Holzkopf!
Torr-penn! *brich!-Kopf*	tòr'pän	Nervensäge!

Serr da c'henoù / da veg!
ßär da chêênu / da vek
schließ! dein^{L} 'Mund / dein^{L} 'Schnabel
Halt den Mund / die Klappe!

Toilette & Co.

Umgangssprachlich sagt man für „Toilette“ auch korn-bihan („*Ecke-klein*“) oder toull-kuzh („*Loch-versteckt*“). Beide Ausdrücke liegen ungefähr auf derselben Stilebene wie unser „Klo“.

Dav eo din mont war-vaez.
daw ä(w) dîîn môn war'vääß
nötig ist zu-mir gehen hinaus
Ich muss mal.

Pelec'h 'mañ ar privezioù / ar sal-dour?
p(e')lääch (e')mââ (a)r pri'veshu / (a)r ßal'duur
wo ist[SIT] die Toiletten / die Zimmer-Wasser
Wo ist die Toilette / das Badezimmer?

merc'hed	märchät	Damen
paotred	pòòträt	Herren
vak	vaak	frei
prennet	prênät	besetzt
verriegelt		

In Privathaushalten befindet sich das Waschbecken oft in einem separaten Zimmer, dem sal-dour („*Zimmer-Wasser*“).

Pelec'h 'c'hallan gwalc'hiñ ma daouarn?
p(e')lääch chalân gwalchî ma dòwarn
wo kann(-ich) waschen meine Hände
Wo kann ich meine Hände waschen?

en nec'h	ên nää~~ch~~	oben
en traoñ	ên trâw	unten
en trepas	ên trepaß	im Flur
e penn an trepas	e pän ân trepaß	am Ende des Flurs
in Kopf der Flur		
en diri	ên diiri	im Treppenhaus

N'eus tamm paper-privezioù ken.
nøß tâm papärpri'veshu kên
NP'ist Stück Papier-Toiletten mehr
Es ist kein Toilettenpapier mehr da.

Dringende Hilferufe

Sikour din / deomp!
ßikur dĩĩn / d(e)òm(p)
Hilfe zu-mir / zu-uns
Hilfe!

Deus / Deuit war ma sikour!
døs / døøid war ma ßikur
komm!/kommt! auf meine Hilfe
Hilf / Helfen Sie mir!

Hast / Hastit buan!
haßt / haßtid büân
eil! / eilt! schnell
Mach / Machen Sie schnell!

Literaturhinweise

Bezugsmöglichkeit für Bücher und CDs aus der Bretagne ist **Ar bed keltiek** („*die keltische Welt*“): http://www.arbedkeltiek.com

Grammatik

- **Yann Desbordes: Petite grammaire du breton moderne,** Hor Yezh, Lesneven 1995. ISBN 2-86863-052-9 *(die einzige auch für Anfänger geeignete Grammatik, leider nur in französischer Sprache)*

Lehrbücher & -materialien

- **Per Denez: Brezhoneg buan hag aes (Bretonisch schnell und mühelos),** Hor Yezh, Lesneven 1999. ISBN 2-910699-05-6
- **Mark Kerrain: Ni a gomz brezhoneg,** TES, St. Brieuc 1995. ISBN 2-9037-7842-6 (*Buch*) bzw. ISBN 2-9037-7839-6 (*Buch und CD. Die ersten Kapitel dieses französischsprachigen Lehrbuchs finden Sie übrigens auch bei* **Kervarker** (http://www.kervarker.org).

Wörterbücher

- **Gérard Cornillet: Geriadur Brezhoneg-Alamaneg hag Alamaneg-Brezhoneg,** Hor Yezh, Lesneven 2000. ISBN 2-86863-121-5
- **Francis Favereau:** Online-Wörterbuch (*leider nur auf Französisch, dafür aber sehr umfangreich*): www.agencebretagnepresse.com/dico/dico.cgi

Bretonischkurse in Deutschland & in der Bretagne

- *In Königswinter bietet das* **Studienhaus für keltische Sprachen und Kulturen** *regelmäßig Sprach- und Musikkurse für alle keltischsprachigen Länder an. Nähere Informationen erhalten Sie unter* http://www.sksk.de
- *Einen Überblick über Kurse vor Ort enthält die Internetseite* http://www.gwalarn.org
- *Fortgeschrittene können jeweils im Juli auch am* **Kamp Etrekeltiek ar Vrezhonegerien** *(kurz* **KEAV***), in Skaer teilnehmen (es wird ausschließlich Bretonisch gesprochen).* http://keav.skaer.free.fr
- *Fernkurse per Brief oder E-Mail, auch mit dt. Lehrmaterialien, bietet die* **Skol Ober** (http://www.skolober.com).

Viele nützliche Links und Infos findet man auf der Internetseite des Kuzul ar Brezhoneg (http://www.kuzul.org) *oder bei* Kervarker (http://www.kervarker.org).

Geographische Begriffe

Hier die wichtigsten bretonischen Städtenamen sowie Inseln, Berge und Meere.

Viele bretonische Orte sind nach der Ansiedlung benannt, auf die sie zurückgehen. Ihr erster Bestandteil ist daher nicht selten Lann- *(Kloster, Einsiedelei;* Langolen*),* Lez- *(Hof,* Lesneven*),* Plou- *(Pfarrei, Gemeinde;* Ploumanac'h*),* Lok- *(einsam gelegener Ort) oder* Kêr- *(Stadt, ursprünglich „Befestigung";* Lokmariaquer*), oft in Verbindung mit dem Namen eines Heiligen oder Eigenschaftswörtern, wie* meur *(groß, bedeutend),* bras, bihan, kozh, nevez, gwenn, du *usw. Weitere häufige Elemente sind:* aber, aven *(Flussmündung;* Pont-Aven*),* enez *(Insel;* Douarnenez*),* kastell *(Burg, Festung;* Plougastel*),* koad *(Wald;* Plancoët*),* penn *(Ende, Gipfel;* Penmarc'h*),* poull *(Bucht;* Pouldreuzic*).*

Städte

An Oriant	ân orjân(t)	Lorient
Brest	bräßt	Brest
Gwened	gwêênät	Vannes
Kastell-Paol	kaßtäl'pòòl	St. -Paul-de-Léon
Kemper	kêmpär	Quimper
Landreger	lân'dreegär	Treguier
Lannuon	lâ'nüüôn	Lannion
Montroulez	môn'truuläß	Morlaix
Naoned	nâwnät	Nantes
Roazhon	rwaa(s)ôn	Rennes
Sant-Brieg	ßân'briiäk	St.-Brieuc
Sant-Maloù	ßân'maalu	St.-Malo
Sant-Nazer	ßân'naasär	St.-Nazaire

Inseln, Berge & Meere

Enez-Eusa *(w)*	êne søßa	Île d'Ouessant
Enez-Sun *(w)*	êne ßûûn	Île de Sein
Enez Groe *(w)*	êne grwe	Île de Groix
ar Gerveur *(w)*	ar gär'vøør	Belle-Île
Menez Are	mêênä(s) are	Monts d'Arrée
Menez Bre	mêênä bree	Méné-Bre (302 m, höchste Erhebung der Bretagne)
Mor-Breizh	mor'bräjß	Ärmelkanal
Mor-Atlantel	morat'lântäl	Atlantik
Mor-Bihan	mor'biiân	Golfe du Morbihan

Länder, Landschaften & Departements

Breizh *(w)*	bräjß	Bretagne
Breizh-Izel *(w)*	bräi'siisäl	Niederbretagne
Breizh-Uhel *(w)*	bräi'süüäl	Hochbretagne
Leon *(w)*	leeôn	Léon
Bro-Dreger *(w)*	bro'dreegär	Trégor
Kernev *(w)*	kärnäw	Cornouaille
Bro-Wened *(w)*	browêênät	Gegend um Vannes
Breizh-Veur *(w)*	bräis'vøør	Großbritannien
Bro-G'hall *(w)*	brochal	Frankreich

Nach der Revolution von 1789 wurden alle Länder Frankreichs in Departements eingeteilt. Zur Bretagne gehören:

Aodoù-an-Arvor	òòdu â'narvòr	Côtes-d'Armor
Penn-ar-Bed	pänar'beed	Finistère
Il-ha-Gwilun	ila'gwiilûn	Ille-et-Vilaine
Liger-Atlantel	ligärat'lântäl	Loire-Atlantique
Mor-Bihan	mor'biiân	Morbihan

Penn-ar-Bed *ist eine wörtliche Übersetzung des lateinischen Finis Terrae („Ende der Welt"). Das Departement* Liger-Atlantel *(„Loire-Atlantique") mit der Hauptstadt Nantes wurde 1941 der Region Pays-de-la-Loire angeschlossen. Viele Einwohner fühlen sich aber immer noch als Bretonen!*

Wörterliste Deutsch – Bretonisch

Kermorvan Leuchtturm

Die Wörterlisten enthalten jeweils nur einen Grundwortschatz von jew. ca. 1000 Wörtern. Wörter, die man themensortiert bequemer in den einzelnen Konversationskapiteln nachschlagen kann, sind hier nicht aufgeführt. Bei **Hauptwörtern** *ist die Mehrzahlendung oder die vollständige Mehrzahl sowie das grammatische Geschlecht angegeben. Hauptwörter, die männlich oder weiblich sein können, werden mit (m, w) bezeichnet. „m°" bedeutet, dass ein dem jeweiligen Hauptwort nachgestelltes Eigenschaftswort wie nach einem weiblichen Hauptwort leniert wird.*

Verben *werden jeweils in der Grundform aufgeführt, wobei die Grundform-Endung mit einem Punkt auf der Mitte vom Verbstamm getrennt wird. Sind Grundform und Verbstamm identisch, steht der Hinweis* „[Vs =]". *Für alle Verben, bei denen sich der Verbstamm nicht aus der Grundform ergibt, wird er in eckigen Klammern aufgeführt* („[Vs ...]"). *Formvarianten einer Partikel / eines Verhältniswortes, die nur vor einem Selbstlaut verwendet werden, sind mit * gekennzeichnet.*

A

ab adalek
Abend abardaez (m) [Mz -ioù]
Abendessen koan (w)
aber met
abfahren mont [Vs a-] kuit
ablehnen nac'h [Vs =]
abschleppen disac'h·añ
abtrocknen torch·añ
Adresse chomlec'h (m) [Mz -ioù]
ähnlich heñvel (ouzh)
Alkohol alkol (m) [Mz -ioù], hini kreñv (m)
allein (e-)unan
alle toud an, an holl^{L} (*vor Hauptwort gestellt*)
alle (Fürwort) an holl
alles pep tra
als (zeitl.) pa^{L}
als (Vergleich) eget
also eta (*oft* 'ta)
alt kozh
Alter oad (m) [Mz -où]
anbieten kinnig [Vs =]
Andenken (Souvenir) eñvorenn (w) [Mz -où]
anderen: die a. ar re all
anderer (Eigensch.) all
anderer (Fürwort) an hini all
anders disheñvel
anfangen (mit / zu) kreg·iñ [Vs krog-] (gant / da^{L})
angenehm plijus

Angst (vor) aon (m) (rak)
anhalten chom [Vs =] a-sav
ankommen erru·out
Ankunft donedigezh (w) [Mz -ioù]
Anruf galv (m) [Mz -où]
ansehen sell·out/·et (ouzh)
Antwort respont (m) [Mz -où]
antworten respont [Vs =]
anziehen, sich gwisk·añ
Apotheke apotikerezh (w) [Mz -ioù]
arbeiten labour·at
Arbeiter micherour (m) [Mz -ien]
arm paour
Armbanduhr montr (m) [Mz -où]
Arzt mezeg (m) [Mz mezeien], medisin (m) [Mz -ed]
auch ivez
auch nicht kennebeut
auf war
auf dem Land war ar maez
aufhören (enden) echu·iñ
aufhören (zu) paouez [Vs =] (da^{L})
aufpassen (auf) diwall [Vs =] (ouzh)
aufstehen sevel [Vs sav-]
aufwachen dihun·iñ
Augenblick pennad (m) [Mz -où]
aus eus (*oft* deus)
aus (vorbei) echu
ausgeben dispign [Vs =]
ausgehen mont [Vs a-] tu bennak
ausgezeichnet dreist, ar c'hentañ
Auskunft titour (w) [Mz -(i)où]
Ausländer estrañjour (m) [Mz -ien]
ausländisch estren
ausmachen (Licht) lazh·añ
ausruhen diskuizh·añ
außer nemet (*oft* 'met)
außerdem ouzh-penn
Aussprache distagadur (m)
aussteigen diskenn [Vs =]
Ausstellung diskouezadeg (w)
ausziehen, sich diwisk·añ
Auto karr (m) [Mz kirri], gwetur (w) [Mz -ioù], oto (w) [Mz -ioù]
Autowerkstatt karrdi (m) [Mz -où]

B

Baby babig (m) [Mz -où]
Bäckerei baraerezh (w)
baden (Meer) kouronk·añ
baden (Wanne) kibell·añ
Badewanne kibell (w) [Mz -où]
Badezimmer sal-gibellañ (w)
Bahnhof porzh-houarn (m), ti-gar (m)
bald bremaik, hepdale
Bank (Geld) ti-bank (m)
Bank (Sitz-) bank (m) [Mz -où]
bauen sevel [Vs sav-]
Bauer kouer (m) [Mz -ien]
Bauernhof atant (m, w) [Mz -où]
Baum gwezenn (w) [Koll gwez]
bedanken, sich trugareka·at
bedienen servij·añ/·out
Bedienung servij (m) [Mz -où]
bedeuten talv(ez)·out
Bedürfnis ezhomm (m) [Mz -où]

Wörterliste Deutsch – Bretonisch

beeilen, sich hast·añ
beenden echu·iñ
befestigen (an) stag·añ (ouzh)
begegnen degouezh·out (gant)
begrüßen salud·iñ
behalten mir·out
bei (nahe b.) e-kichen
Beispiel skouer (m) [Mz -ioù]
beißen kreg·iñ [Vs krog-]
bekommen kaout
bereit prest
Berg menez (m) [Mz -ioù]
Beruf micher (w) [Mz -où]
berühmt brudet
beschweren, sich klemm [Vs =]
Besitzer perc'henn (m) [Mz -ed]
besser gwell, gwelloc'h
besonders dreist-holl
bestellen goulenn [Vs =]
Besuch gweladenn (w) [Mz -ioù]
besuchen gweladenn·iñ
Besucher gweladenner (m) [Mz -ien]
betrunken mezv
Bett gwele (m) [Mz -où]
Bettdecke golo (m) [Mz -ioù / goleier]
Bettzeug dilhad-gwele (Koll)
bevor a-raok ma
bewegen fiñv·al
Bier bier (m)
Bild skeudenn (w) [Mz -où]
billig marc'had-mat
bis betek
bis dass betek ma
bisschen: ein b. un tammig
Bitte goulenn (m) [Mz -où]
bitten goulenn [Vs =] (digant)
bitter c'hwerv
Blatt (Papier) follenn (w) [Mz -où]
Blatt (Pflanze) delienn (w) [Mz delioù]
bleiben chom [Vs =]
blind dall
Blitz luc'hed (Koll)
Blume bleunienn (w) [Mz -ioù]
Bluse hiviz (w) [Mz -où]
Blut gwad (m)
bluten gwad·añ
Boot bag (w) [Mz -où / bigi]
brav fur
Brauch boaz (m) [Mz -ioù]
breit ledan
brennen dev·iñ
Bretagne Breizh (m)
Bretone Breizhad (m) [Mz Breizhiz], Breton (m) [Mz -ed]
Bretonin Breizhadez (w) [Mz -ed]
bretonisch (Herkunft) breizhat
bretonisch (Kultur) breizhek
Bretonisch (Sprache) brezhoneg
Bretonischsprecher brezhoneger (m) [Mz -ien]
Brief lizher (m) [Mz -où / lizhiri]
Briefmarke timbr (m) [Mz -où]
Briefumschlag golo (m) [Mz -ioù / goleier]
Brille lunedoù (m Mz)
bringen degas [Vs =]
Brot bara (m)
Brücke pont (m) [Mz -où]
Bruder breur (m) [Mz breudeur]
Brunnen puñs (m) [Mz -où]
Buch levr (m) [Mz -ioù]
Buchstabe lizherenn (w) [Mz -où]
bunt liesliv

Burg kastell (m) [Mz -où / kastilli]
Busen bronn (w) [Zz divronn]
Butter amann (m)
Büro burev (m) [Mz -ioù]

C

Campingplatz tachenn-gampiñ (w) [Mz -où-kampiñ]
Cidre chistr (m), sistr (m)
Cent sent (m) [Mz -où]
Creme (Kosmetik) traet (m) [Mz -où]

D

da aze
Dach toenn (w) [Mz -où]
dahin aze
Dame itron (w) [Mz -ezed]
damit (um zu) evit ma
danke trugarez, mersi
dann neuze
darauf(hin) goude, war-lerc'h
das se
dass e[M] / ec'h*
Datum deiziad (m) [Mz -où]
dauern pad·out
denken soñj·al
Denkmal monumant (m) [Mz -où]
denn rak
dennoch koulskoude
derjenige an hini
deutsch (Nationalität) alaman
Deutsch (Sprache) alamaneg (m)
Deutscher Alaman (m) [Mz -ed]
Deutsche Alamanez (w) [Mz -ed]
Deutschland (Bro-)Alamagn (w)
Dialekt rann-yezh (w) [Mz -où]
dick tev
Dieb laer (m) [Mz -on]
diejenigen ar re
Ding tra (m°) [Mz -où]
direkt eeun
Diskothek boest-noz (w) [Mz -où-noz]
doch avat (*oft* 'vat); eta (*oft* 'ta)
Dolmen taol-vaen (w) [Mz -ioù-maen]
Donner kurun (m, w)
Dorf kêriadenn (w) [Mz -où]
dort eno (*Ort ist bereits erwähnt worden*)
dort (drüben) a-hont
dorthin di (*Ort ist bereits erwähnt worden*)
dorthin (drüben) a-hont
Dose boest (w) [Mz -où]
draußen er-maez
drehen treiñ [Vs tro-]
drinnen e-barzh
drücken (Tür) bount·añ
dumm sot, genaouek
dunkel teñval
dünn treut
durch dre[L]
dürfen: nicht d. arabat (*unveränderl.*)
Durst sec'hed (m)

E

Ecke korn (m) [Mz -ioù]
Ehefrau gwreg (w) [Mz gwragez]
Eheleute priedoù (m Mz)
Ehemann gwaz (m) [Mz -ed]
Ei vi (m) [Mz -où]
Eimer sailh (w) [Mz -où]
einige ur re bennak, lod
einladen ped·iñ
Einladung pedadenn (w) [Mz -où]
einmal ur wech
einer/-e/-s unan
einst gwechall
einsteigen (in) pignat (e / en*)
einverstanden sein (mit) bez·añ a-du (gant)

Einwohner annezad (m) [Mz annezidi]
Eis skorn (m)
Eisen houarn (m)
Elektrizität tredan (m)
Eltern kerent (m Mz)
empfangen degemer
Ende dibenn (m)
eng strizh
England Bro-Saoz (w)
Engländer saoz (m) [Mz -on]
Engländerin saozez (w) [Mz -ed]
englisch (Nationalität) saoz
Englisch (Sprache) saozneg (m)
Enkel mab-bihan (m) [Mz mibien-vihan]
Enkelin merc'h-vihan (w) [Mz -ed-bihan]
entscheiden, sich ober [Vs gra-] e soñj
Entschuldigung digarez (m) [Mz -ioù]
entzündet tanet
Erde douar (m) [Mz -où]
erinnern, sich (an) kaout soñj (e / en*)
Erinnerung soñj (m) [Mz -où]
erkälten, sich tap·out riv
erklären displeg·añ
erlauben permet·iñ, reiñ [Vs ro-] aotre (d'ober)
Erlaubnis aotre (m) [Mz -où]
Erstaunen souezh (m, w)
erstaunlich souezhus
erzählen kont·añ
Esel azen (m) [Mz -ed / ezed]
essen debr·iñ
Essen (Nahrung) boued (m)
Esszimmer sal-debriñ (w)
etwas un dra bennak
Euro euro (m) [Mz -ioù]

F

Faden neudenn (w) [Mz -où]
Fahne banniel (m) [Mz -où]
fähig (zu) gwest (da)
Fähre lestr-treizh (m)
fahren mont [Vs a-]
fahren (Auto) bleni·añ
fahren (führen) kas [Vs =]
Fahrkarte bilhed (m) [Mz -où]
Fahrplan euriaoueg (w) [Mz -où]
Fahrrad marc'h-houarn (m) [Mz -où-houarn, kezeg-houarn]
fallen (hin-) kouezh·añ
falsch faos
Familie (erweitert) familh (w) [Mz -où]
Familie (Hausgem.) tiegezh (m) [Mz -ioù]
fangen tap·out, pak·añ
Farbe liv (m) [Mz -ioù]
fast tost
faul (träge) lezirek
faul (verdorben) brein
fehlen mank·out
Fehler fazi (m) [Mz -où]
Feier gouel (m) [Mz -ioù]
Feld park (m) [Mz -où / -eier]
Felsen roc'h (w), reier
Fenster prenestr (m) [Mz -où]
Ferien vakañsoù (w Mz)
Fernseher skinweler (m)
fertig (erledigt) echu
fest start
feucht gleb
Feuer tan (m)
Feuerwehrmann pomper (m) [Mz -ien]
Film (Kamera) koc'henn (w) [Mz -où]
Film (Kino) film (m) [Mz -où]
finden kav·out

Fisch pesk (m) [Mz -ed]
fischen pesketa [Vs =]
Fischer pesketaer (m) [Mz -ien]
flach plaen
Flasche boutailh (w) [Mz -où]
Fleisch kig (m)
fliegen nij·al
Flugzeug karr-nij (m) [Mz kirri-nij]
Fluss stêr (w) [Mz -ioù]
Foto luc'hskeudenn (w) [Mz -où], foto (m) [Mz -ioù]
Fotoapparat benveg foto (m)
fotografieren luc'hskeudenn·iñ
Frankreich Bro-C'hall (w)
Franzose Gall (m) [Mz -aoued]
Französin Gallez (w) [Mz -ed]
französisch gall
Französisch (Sprache) galleg (m)
Frage goulenn (m) [Mz -où]
fragen goulenn [Vs =] (digant)
fragen, sich en em c'houlenn [Vs =]
Frau maouez (w) [Mz -ed]
Frau (Anrede) itron (w) [Mz -ezed]
Fräulein dimezell (w) [Mz -ed]
frei dizalc'h, frank
Freiheit frankiz (w)
fremd (seltsam) iskis
fremd (unbekannt) dizanav
Freude levenez (w)
freuen, sich laouena·at
Freund mignon (m) [Mz -ed]
Freundin mignonez (w) [Mz -ed]
freundlich hegarat
Freundschaft karantez (w)
Frieden peoc'h (m)
Friedhof bered (w) [Mz -ioù]
frisch fresk
froh laouen
früh abred
Frühling nevezamzer (m)
Frühstück lein (w)
fühlen sant·out
führen kas [Vs =]
für evit
Fuß: zu F. war droad

G

Gabel fourchetez (w) [Mz -ioù]
ganz an holl[L], -holl (*an Hauptwort gehängt*)
gar (gekocht) poazh
Garten liorzh (m) [Mz -où]
Gast kouviad (m) [Mz kuvidi]
Gastgeber ostiz (m) [Mz -ien], preder (m) [Mz -ien]
Gasthaus tavarn (w) [Mz -ioù], ostaleri (w) [Mz -où]
Gebäck gwispid (Koll)
geben reiñ [Vs ro-]
geboren ganet
geboren werden genel [Vs gan-]
Geburtstag deizh-ha-bloaz (m)
Gedächtnis eñvor (w)
Gedanke soñj (m) [Mz -où]
Gefahr dañjer (m) [Mz -ioù], riskl (m) [Mz -où]
gefährlich dañjerus
gefallen plij·out
gegen ouzh
Gegend korn-bro (m)
Gegenteil kontrol (m)
gegenüber (von) a-dal (da)
gehen mont [Vs a-]
Gelände tachenn (w) [Mz -où]
Geld arc'hant (m)

Gemüse legumaj (Koll)
gemütlich plijus; brav
genau spis, resis
genauso ken
genug a-walc'h, trawalc'h
Gepäck pakad (m) [Mz -où]
gerade eeun
geradeaus war-eeun
Geruch c'hwezh (m, w)
Geschäft (Laden) stal (w) [Mz -ioù]
Geschenk prof (m) [Mz -où]
Geschichte (Erzählung) kontadenn (w) [Mz -où]
Geschichte (Historie) istor (m) [Mz -ioù]
geschlossen serr
Geschmack blaz (m)
Gesicht bisaj (m, w) [Mz -où], dremm (w) [Mz -où]
gestern dec'h
gesund yac'h
Gesundheit yec'hed
Getränk evaj (m) [Mz -où]
Getreide ed (Koll)
Gewicht pouez (m) [Mz -ioù]
Gewitter arnev (m) [Mz -ioù]
Glas (Gefäß) gwerenn (w) [Mz -où]
Glas (Material) gwer (Koll)
glauben kred·iñ
Glocke kloc'h (m) [Mz kleier]
Glück chañs (m) [Mz -où]
glücklich eürus
Gold aour (m)
Gott Doue (m)
Grab bez (m) [Mz -ioù]
Gramm gramm (m) [Mz -où]
Grammatik yezhadur (m) [Mz -ioù]
Gras geot (Koll)
Grenze harzoù (m Mz)
groß bras
Größe (Statur) ment (w)
Großmutter mamm-gozh (w) [Mz mammoù-kozh]
Großvater tad-kozh (m) [Mz tadoù-kozh]
Gruppe strollad (m) [Mz -où]
gut mad

H

Haare blev (Koll)
haben kaout; (*im Gwenedeg*) endevout [Vs =]
Hafen porzh (m) [Mz -où]
Hahn kilhog (m) [Mz kilheien]
halb hanter
Hälfte hanterenn (w) [Mz -où]
halten derc'hel / delc'her [Vs dalc'h]
Hammer morzhol (m) [Mz -ioù]
Händler marc'hadour (m) [Mz -ien]
hart kaled
Haut kroc'hen (m)
hässlich divalav, vil
Haufen bern (m) [Mz -ioù]
Haus ti (m) [Mz -ez]
Hausfrau gwreg an ti (w) [Mz gwragez an ti]
Hausherr ozhac'h (m) [Mz ezec'h]
heben sevel [Vs sav-]
Heft kaier (m) [Mz -où]
heiß tomm
helfen sikour [Vs =]
hell sklaer, skedus
Hemd (für Herren) roc'hed (m) [Mz -où]
Hemd (T-Shirt) krez (m) [Mz -ioù]
Herbst diskaramzer (m)
Herr aotrou (m) [Mz -nez]
Herz kalon (w) [Mz -où]
heute hiziv, hiriv
hier amañ
Hilfe sikour (m°) [Mz -ioù]

Himmel (phys.) oabl (m) [Mz -où]
Himmel (relig.) neñv (m) [Mz -où]
hinaufgehen kresk·iñ
hinein e-barzh
Hinkelstein peulvan (m) [Mz -où]
hinter a-dreñv, a-drek
hinuntergehen diskenn [Vs =]
Hitze tommder (m)
hoch uhel
Hochzeit eured (w) [Mz -où]
Hof porzh (m) [Mz -où]
hoffen spi·añ
höflich seven
Höhe uhelder (m)
Höhle kav (m) [Mz -ioù]
Holz (a. Gehölz) koad (m) [Mz -où]
hören klev·et
Hose bragoù (m) [Mz brageier]
Hosentasche godell (w) [Mz -où]
Hotel otel [Mz -où]
hübsch koant
Hügel torgenn (w) [Mz -où]
Huhn yar (w) [Mz yer]
Hund ki (m) [Mz chas]
Hunger naon (m)
Hut tog (m) [Mz -où]
hygienisch yec'hedus

I

Idee menoz (m) [Mz -ioù]
immer atav, bepred
in (örtl.) e / en*
in (zeitl.) a-benn
Insekt amprevan (w) [Mz -ed]
Insel enez (w) [Mz inizi]
Instrument benveg (m) [Mz binvioù]
interessant dedennus
Interesse dedenn (m)
interessieren, sich (für) pled·iñ (gant / ouzh)
international etrevroadel
irgendein bennak
Irrtum fazi (m) [Mz -ioù]

J

ja ya
Jacke chupenn (m)
jagen chase·al
Jahr bloaz (m) [Mz -ioù]
Jahr (im Verlauf) bloavezh (m) [Mz -où]
Jahreszeit koulz-amser (m)
jährlich bep bloaz
jeder (Eig.) pep, bep
jeder (Fürw.) pep hini
jedesmal bewech
jemals ur wech bennak
jemand unan bennak
jetzt bremañ
Joghurt yaourt (m)
Jugend yaouankiz (w)
jung yaouank
Junge paotr (m) [Mz -ed]

K

kalt yen
Kamm krib (w) [Mz -où]
kaputt torret
kaputtmachen terriñ [Vs torr-]
Karton kartoñs (m)
Kathedrale iliz-veur (w) [Mz -où-meur]
Katze kazh (m) [Mz kizhier]
kaufen pren·añ
kaum a-boan
kein ebet
keltisch keltiek
kennen anavez·out
Kind bugel (m) [Mz bugale]
Kirche iliz (w) [Mz -où]
klar sklaer
kleben peg·añ
Kleid sae (w) [Mz -où]
Kleidung dilhat (Koll)
klein bihan
klingen sen·iñ [Vs son-]
klug speredek
Kneipe ostaleri (w) [Mz -où]; tavarn (w) [Mz -ioù]

Knochen askorn (m), eskern
Knopf bouton (m) [Mz -où]
Knoten skoulm (m) [Mz -où]
kochen kegin·añ (*allg.*); poazh·añ (*etw. kochen*)
Koffer malizenn (w) [Mz -où]
kommen dont [Vs deu-]
können (Fähigk.) gouz·out
können (Möglichk.) gall·out
Korb paner (w) [Mz -où]
kosten koust·añ
kostenlos digoust
kräftig start
krank klañv
Krankenhaus klañvdi (m) [Mz -ioù], ospital (w) [Mz -ioù]
Krankheit klañved (m) [Mz -où]
Kreis kelc'h (m) [Mz -ioù]
Küche kegin (w) [Mz -où]
Kuchen gwastell (w) [Mz -où/gwestilli]
Kuh buoc'h (w) [Mz -ed / saout]
kühl fresk, yen
kümmern, sich (um) ober [Vs gra-] war-dro
Kunst arz (m) [Mz -où]
Künstler arzour (m) [Mz -ien]
kurz berr
Kuss pok (m) [Mz -où]
küssen pok·at (da)
Küste aod (w) [Mz -où]

L

lächeln mousc'hoarz·in
lachen c'hoarz·in
Laken liñsel (w) [Mz -ioù]
Lampe lamp (m, w) [Mz -où]
Land bro (w) [Mz -ioù]
Land (Acker) douar (m) [Mz -où]
Land (nicht Stadt) maez (m) [Mz -ioù]
Landkarte kartenn-henchoù (w) [Mz -où-henchoù]
Landschaft maezad (m) [Mz -où]
Landwirtschaft labour-douar (m)
lang hir
lange her pell
Länge hirder (m)
langsam goustad
Lärm trouz (m)
lassen lezel / leuskel [Vs laosk-]
laufen (rennen) redek [Vs =]
laut trouzus
lauwarm klouar, tommig
leben bev·añ
Leben buhez (w)
lebendig bev
Lebensmittel boued (m)
Lebensmittelladen stal-voued (w)
ledig dizimez
leer goullo
legen laka·at
lehren kelenn [Vs =]
leicht (Gewicht) skañv
leicht (einfach) aes
leider siwazh
leihen prest·añ
Leiter skeul (w) [Mz -ioù]
lernen desk·iñ
lesen lenn [Vs =]
Leuchtturm tour-tan (m) [Mz -ioù-tan]
Leute tud (m Mz)
Licht gouloù (m) [Mz gouleier]
Liebe karantez (w)
lieben kar·out
Lied kanaouenn (w) [Mz -où]
links kleiz
Lippe muzell (w) [Mz -où]
Loch toull (m) [Mz -où]
Löffel loa (w) [Mz -ioù]
Luft aer (m°)
Lüge gaou (m) [Mz gevier]

Lust (Wunsch) c'hoant (m) [Mz -où]
lustig farsus, fentus

M

machen ober [Vs gra-]
Mädchen plac'h (w) [Mz -ed]; merc'h (w) [Mz -ed]
Mahl(zeit) pred (m) [Mz -où]
Mal gwech (w)
malen liv·añ
manchmal a-wechoù
Mann den (m) [Mz tud]
männlich gourel
Mantel mantell (w) [Mz mantilli]
Markt marc'had (m) [Mz -où]
Maschine benveg (m) [Mz binvioù]
Matrose martolod (m) [Mz -ed]
Mauer moger (w) [Mz -ioù]
Mäuse logod (Koll)
Medikament louzoù (m) [Mz louzeier]
Meer mor (m) [Mz -ioù]
Mehl bleud (m)
mehr mui, muioc'h
Meinung menoz (m) [Mz -ioù]
Menge bern (m) [Mz -ioù]
Mensch den (m)
Messer kontell (w) [Mz kontilli]
Metzger kiger (m) [Mz -ien]
Metzgerei kigerezh (w)
mieten feurm·iñ
Minute munutenn (w) [Mz -où]
mischen mesk·añ
mit gant
Mittag kreisteiz (m)
Mitte kreiz (m)
Mitternacht hanternoz (m)
Mode giz (w) [Mz -ioù]
mögen kar·out
Moment koulz (m) [Mz -ioù]
Monat miz (m) [Mz -ioù]
Mond loar (w)
morgen arc'hoazh
Morgen beure (m), mintin (m)
Motor keflusker (m) [Mz -ioù]
Motorrad marc'h-tan (m) [Mz -où-tan / kezeg-tan]
Möwe gouelan (m) [Mz goulini]
müde skuizh
Mühle milin (w) [Mz -où]
Müll lastez (Koll)
Museum mirdi (m) [Mz -où]
Musik muzik (m), sonerezh (m)
müssen rankout [Vs =], bez·añ ret da (*unpers.*)
Mut kalon (w) [Mz -où]
Mutter mamm (w) [Mz -où]

N

nach (örtl.) da[L]
nach (zeitl.) goude
nach (Uhrzeit) nemet (*oft* 'met)
Nachbar amezeg (m) [Mz amezeien]
Nachmittag enderv (m)
Nachname anv-bras (m), anv-familj (m)
Nachricht keloù (m) [Mz keleier]
Nacht noz (w) [Mz -ioù]
nackt noazh
Nadel nadoz (w) [Mz -ioù]
nahe tost
Name anv (m) [Mz -ioù]
nass gleb
Natur natur (w)
natürlich (nicht künstl.) naturel
Nebel brumenn (w)
neben e-kichen
Neffe niz (m) [Mz -ed]
nehmen kemer [Vs =]
neu nevez
nicht ket

Nichte nizez (w) [Mz -ed]
nichts netra
niedrig izel
nie (allg.) gwech ebet
nie (Verg.) biskoazh
nie (Zukunft) biken
niemand den ebet
niesen strevi·al
noch c'hoazh
Norden norzh (m), hanternoz (m)
normal reizh
nötig ret, dav
Nummer niverenn (w) [Mz -où]
nur hepken
nutzen (zu) talv·out (da)
nützlich talvoudus

O

ob (daoust) ha / hag (+ e[M] / ec'h*)
oben en nec'h
Obst frouezh (Koll)
oder pe[L]
Ofen forn (w) [Mz -ioù / fernier]
offen digor
öffentlich boutin
öffnen digeriñ [Vs digor-]
oft alies
ohne hep
Onkel eontr (m) [Mz -ed]
Ort (Stelle) lec'h (m) [Mz -ioù]
Osten reter (m), sav-heol (m)
Österreich Austria (w)
Österreicher Austriad (m) [Mz -ed]
Österreicherin Austriadez (w) [Mz -ed]
österreichisch aostrian

P

Paket pakad (m) [Mz -où]
Papier paper (m) [Mz -ioù]
Pass (Ausweis) pasporzh (m) [Mz -où]
passieren c'hoarvez·out
Pause ehan (m) [Mz -où]
Person person (m) [Mz -où/-ed]
Pfad gwenodenn (w) [Mz -où]
Pferd marc'h (m) [Mz kezeg]
Pflanzen plant (Koll)
Pflaster ruban speg (Koll)
Plakat skritell (m, w) # [Mz -où]
Polizei polis (m)
Polizist poliser (m) [Mz -ien]
Portion rannad (w) [Mz -où]
Post(amt) ti-post (m)
Postkarte kartenn-bost (w) [Mz -où-post]
Preis priz (m) [Mz -ioù]
Priester beleg (m) [Mz beleien]
privat prevez
Problem kudenn (w) [Mz -où]
Punkt (a. Zeit-) poent (m) [Mz -où]
pünktlich e koulz, e poent
putzen naet·añ

R

Rad rod (w) [Mz -où]
Radio (Gerät) skingomzer (m)
Rathaus ti-kêr (m)
Ratte razh (w) [Mz -ed]
rauchen butun·iñ/·at
rechts dehoù
reden (plaudern) kaoze·al
Regen glav (m)
Regenschirm disglavier (m) [Mz -où]
reich pinvidik
reif darev
Reifen bandenn-rod (w) [Mz -où-rod]
Reise beaj (w) [Mz -où]

reisen beaj·iñ
reparieren adaoz·añ
Restaurant preti (m) [Mz -où], ti-debriñ (m) [Mz -ez-debriñ]
retten savete·iñ
richtig reizh; mat
Rock brozh (w) [Mz -ioù]
roh kriz
Rucksack sac'h-kein (m) [Mz seier-kein]
rufen gelver [Vs galv-]
Ruhe sioulded (w)
rund ront
Runde tro (w) [Mz -ioù]

S

Saal sal (w) [Mz -ioù]
Sache tra (m°) [Mz -où]
sagen lavar·out/·et (*oft* lâret)
Sahne dienn (m), koaven (m)
salzig sall
sammeln dastum [Vs =]
Sand traezh (m)
satt gwalc'het
Satz frazenn (w) [Mz -où]
sauber naet
sauer trenk
schädlich noazus (ouzh)
scharf (Geschmack) spiset
scharf (Messer) dremm
Schatten (Gegenstand) skeud (m)
Schatten (Sonne) disheol (m)
Schauer barr-glav (m) [Mz -où-glav]
Schere sizailh (w) [Mz -où]
schicken kas [Vs =]
Schiff bag (w) [Mz -où / bigi], lestr (m) [Mz listri]
Schild (Tafel) panel (w) [Mz -où]
schlafen kousk·et
schlafen gehen mont [Vs a-] da gousket
Schlafzimmer kambr-gousket (w)
Schlag taol (m) [Mz -ioù]
schlagen skeiñ [Vs sko-]
Schlange naer (w) [Mz -ed]
schlecht fall
schlechter gwall, gwalloc'h
schließen serr·iñ
schlucken lonk·añ
Schlüssel alc'hwez (m) [Mz -ioù]
schmackhaft lipous, saourus
Schmerz poan (w) [Mz -ioù], droug (m) [Mz -où]
Schmuck bravig (m) [Mz -où]
schmutzig lous
Schnee erc'h (m)
schneiden troc'h·añ
schnell buan
schon dija
schön brav, kaer
Schrank armel (w) [Mz -ioù]
schrecklich spontus
schreien huch·al
schreiben skriv·añ
Schritt paz (m) [Mz -ioù]
Schuh botez (w) [Mz botoù]
Schule skol (w) [Mz -ioù]
schwach gwan
schwanger brazez
schweigen tevel [Vs tav-]
Schwein pemoc'h (m) [Mz moc'h]
Schweiz (Bro-)Suis (w)
Schweizer Suisad (m) [Mz -ed]
Schweizerin Suisadez (w) [Mz -ed]
schweizerisch suis
schwer (Gewicht) pounner
Schwester c'hoaz (w) [Mz -ezed]
schwierig diaes
schwimmen neui·al
See lenn (w) [Mz -où]

Seehund reunig (m) [Mz -ed]
sehen gwel·out/·et
sehr -kenañ / -tre (*an Hauptwort gehängt*)
Seife soavon (m)
Seil kordenn (w) [Mz -où]
sein bez·añ, bout (*im Gwenedeg*)
seit abaoe
seitdem abaoe ma
Seite (Buch) pagenn (w) [Mz -où]
Seite (Richtung) tu (m) [Mz -ioù]
selbst e-unan
selten ral a wech
servieren servij·añ/·out
setzen laka·at
setzen, sich azez·añ, mont [Vs a-] en e goazez
sich en em[L] (*unveränderl.*)
sicher sur
singen kan·añ
Sinn ster (m) [Mz -ioù]
sitzen azez·añ, bez·añ en e goazez
so (auf diese Weise) evel-se
so ... wie ken ... ha
so gut kenkoulz
so viel kement
Socke loer (w) [Mz -où]
sofort diouzhtu
sogar memes, zoken
Sohn mab (m) [Mz mibien]
solch hevelep, a-seurt-se
Sommer hañv (m)
Sonne heol (m)
sonnen, sich en em rouz·añ
Sonnenaufgang sav-heol (m)
Sonnenuntergang kuzh-heol (m)
Sorte seurt (m) [Mz -où]
spät diwezhat
spazieren gehen mont [Vs a-] da bourmen
Spaziergang pourmenadenn (w) [Mz -où]
Speisekarte roll-meuzioù (m)
Spiegel melezour (m) [Mz -ioù]
Spiel c'hoari (m) [Mz -où]
spielen c'hoari [Vs =]
spielen (Instrument) seniñ [Vs son-] (gant)
Sport sport (m) [Mz -où]
Sprache yezh (w) [Mz -où]
sprechen komz [Vs =]
springen lamm·at
Stadt kêr (w) [Mz -ioù]
ständig dalc'hmat
stark kreñv
statt e-lec'h
Staub poultr (Koll)
stehen bez·añ a-sav
stehlen laer·ezh
Stein maen (m) [Mz mein]
stellen laka·at
sterben mervel [Vs marv-]
Sterne stered (Koll)
Stift kreion (m) [Mz -où]
still sioul, didrouz
Stille siouled (w)
Stimme mouezh (w) [Mz -ioù]
Stirn tal (m)
Strand traezhenn (w)
Straße straed (w) [Mz -où]
Streichhölzer alumetez (Koll)
Streit trouz (m)
streiten, sich en em chikan·añ
Stück tamm (m) [Mz -où]
Student studier (m) [Mz -ien]
studieren studi·añ
Stuhl kador (w) [Mz -ioù]
Stunde eur (w) [Mz -ioù]
Stunde (im Verlauf) eurvezh (w) [Mz -ioù]
suchen klask [Vs =]
Süden su (m), kreisteiz (m)

Supermarkt gourmarc'had (m) [Mz -où]
süß dous

T

Tabak butun (m)
Tag deizh (m) [Mz -ioù]
Tag (im Verlauf) devezh (m) [Mz -ioù]
täglich bemdez
Tal traoñienn (w) [Mz -ioù]
Tankstelle stal-esañs (w)
tanzen dañs·al
Tasche (Sack) sac'h (m) [Mz seier]
Taschentuch mouchouer (m) [Mz -où]
Tasse tas (m) [Mz -où]
Tee te (m)
Teich poull (m) [Mz -où]
Teil (Stück) pezh (m) [Mz -ioù]
Telefon (Gerät) pellgomzer (m) [Mz -ioù], telefon (m) [Mz -où]
telefonieren pellgomz [Vs =], telefon·añ
teuer ker
tief don
Tier loen (m) [Mz -ed]
Tisch taol (w) [Mz -ioù]
Tochter merc'h (w) [Mz -ed]
Tod marv (m)
Toilette privezioù (w Mz)
Toilettenpapier paper privezioù (m)
Tourist tourist (m) [Mz -ed]
tot marv
Tracht gwiskamant (m) [Mz -où]
traditionell gizh kozh
tragen dougen [Vs =]
tragen (Kleidung) bez·añ gant (*unpersönl.*)
traurig trist
treffen, sich (mit) en em gav·out (gant)
trennen rann·añ
trennen, sich dispart·iañ
Treppe skalier (w) [Mz -où]
Truppe bagad (m) [Mz -où]
trinken ev·añ
trocken sec'h
trocknen sec'h·añ
trotzdem memes tra
tschüss kenavo
tun ober [Vs gra-]
Tür dor (w) [Mz -ioù]
Turm tour (m) [Mz -ioù]

U

üben embreg·er
über a-us da
überall dre-holl
übermorgen goude arc'hoazh
übernachten tremen [Vs =] an noz
überqueren treuz·iñ
übersetzen treiñ [Vs tro-]
Übersetzung troidigezh (w) [Mz -ioù]
übrig sein chom [Vs =] war-lerc'h
Uhr (Uhrzeit) eur (w) [Mz -ioù]
Uhr (Zeitmesser) eurier (m) [Mz -où]; horolaj (m) [Mz -où]
um (Uhrzeit) da[L]
um ... herum war-dro
Umweg kammdro (w) [Mz -ioù]
unangenehm displijus
und ha, hag
Unfall gwallzarvoud (m)
ungefähr tost da vat
Universität skol-veur (w) [Mz -ioù-meur]
unten en traoñ
unter dindan
Unterkunft bod (m) [Mz -où]
Urlaub ehan-labour (m)

V

Vase lestr (m) [Mz listri]
Vater tad (m) [Mz -où]

verbieten difenn [Vs =] (ouzh)
vergehen tremen [Vs =]
vergessen ankoua·at, disoñj·al
Vergnügen plijadur (w) [Mz -ioù]
verirren, sich fazi·añ war e hent
verkaufen gwerzh·añ
Verkäufer gwerzher (m) [Mz -ien]
verleihen amprest·añ
verletzen gloaz·añ
verlieren koll [Vs =]
verschließen prenn·añ
Verspätung dale (m)
verstecken kuzh·at
verstehen kompren [Vs =]
versuchen (zu tun) klask [Vs =] (ober)
viel kalz
vielleicht marteze
vielmehr kentoc'h
Vogel labous (m) [Mz -ed]
Volk pobl (w) [Mz -où]
voll leun
von a[L], eus (*oft* deus)
von ... entfernt diouzh
von ... her digant
vor (örtl.) dirak
vor (zeitl.) a-raok
vorbereiten aoz·añ
Vorname anv-bihan (m)
vorschlagen kinnig [Vs =]

W

wachsen kresk·iñ
wählen dibab [Vs =], choaz [Vs =]
wahr gwir
während e-pad
Wahrheit gwirionez (w)
Wald koad (m) [Mz -où]
wandern bale [Vs =]
warm tomm
warten gortoz [Vs =]
waschen gwalc'h·iñ
waschen, sich en em walc'h·iñ
Wasser dour (m)
wechseln cheñch [Vs =]
wecken dihun·iñ
Wecker dihuner (m) [Mz -ioù]
weg kuit
Weg hent (m) [Mz -où / henchoù]
wegen abalamour da
weiblich gwregel
weiblich (Gramm.) benel
Weide prad (m) [Mz -où / -eier]
weil peogwir
Wein gwin (m)
weinen gouel·añ
Weise doare (m) [Mz -où], giz (w) [Mz -ioù]
weit (entfernt) pell
Welle houlenn (w) [Koll houl]
Welt bed (m) [Mz -où]
wenig nebeut
wenn (falls) ma[M]
wenn (zeitl.) pa[L]
werfen skeiñ [Vs sko-], teuler [Vs taol-]
wert sein talvez·out
wertvoll prizius
Westen kornaoueg (m), kuzh-heol (m)
Wetter amzer (m°)
wichtig pouezus, bras
wie (Vergl.) evel
wieder adarre
wiegen pouez·añ
Wiese prad (m) [Mz -où / -eier]
wild gouez
Wind avel (m°) [Mz -ioù]
Winter goañv (m)
winzig moan
Woche sizhun (w) [Mz -ioù]
Wochenende dibenn-sizhun (m)
wohnen bez·añ o chom
Wolken koumoul (Koll)
Wolle gloan (m)
wollen fell·out (*unpers.*)
Wort ger (m) [Mz -ioù]

Wörterbuch geriadur (m) [Mz-ioù]
wund tanet
Wunsch c'hoant (m) [Mz-où]
wünschen het·iñ

Z

Zahl niver (m) [Mz-où]
zahlen pae·añ
zählen kont·añ
zart, zärtlich tener
zeigen diskouez [Vs =]
Zeit amser (m°) [Mz-ioù]
Zeitung kazetenn (w) [Mz-où]
Zelt teltenn (w) [Mz-où]
Zentrum kreizenn (w) [Mz-où]
ziehen sach·añ, tenn·añ
Zigarette sigaretenn (w) [Mz-où]
Zimmer kambr (w) [Mz-où / -eier]; sal (w) [Mz-ioù]
Zucker sukr (m)
zufrieden laouen
Zug tren (m) [Mz-ioù]
zuhause er gêr
zuhören selaou [Vs =]
Zunge teod (m) [Mz-où]
zurück (mit Bewegung) war-dreñv; en-dro
zurück (ohne Bewegung) distro
zusammen a-gevret, asambles
Zustand stad (w) [Mz-où]
zu viel re[L]
zwischen etre

Wörterliste Bretonisch – Deutsch

A

a^{L} von
abalamour da wegen
abaoe seit
abaoe ma seitdem
abardaez (m) [Mz **-ioù**] Abend
a-benn in (*zeitl.*)
a-boan kaum
abred früh
a-dal (da) gegenüber (von)
adalek ab
adaoz·añ reparieren
adarre wieder
a-drek hinter
a-dreñv hinter
aer (m°) Luft
aes leicht, einfach
a-gevret zusammen
a-hont dort (drüben), dorthin
Alamagn (w) Deutschland
alaman deutsch (Nationalität)
Alaman (m) [Mz **-ed**] Deutscher
alamaneg (m) Deutsch (*Sprache*)
Alamanez (w) [Mz **-ed**] Deutsche
alc'hwez (m) [Mz **-ioù**] Schlüssel
alies oft
alkol (m) [Mz **-ioù**] Alkohol
all anderer
alumetez (Koll) Streichhölzer
amann (m) Butter
amañ hier
amezeg (m) [Mz **amezeien**] Nachbar
amprest·añ verleihen
amprevan (w) [Mz **-ed**] Insekt
amser (m°) [Mz **-ioù**] Zeit
amzer (m°) Wetter
anavez·out kennen
an hini derjenige
an hini all der andere
an holl alle (*Fürwort*)
an holl^{L} (*vor Hauptwort*) alle, ganz
ankoua·at vergessen
annezad (m) [Mz **annezidi**] Einwohner
anv (m) [Mz **-ioù**] Name
anv-bihan (m) Vorname
anv-bras, anv-familj (m) Nachname
aod (w) [Mz **-où**] Küste
aon (m) (**rak**) Angst (vor)
aostrian österreichisch
aotre (m) [Mz **-où**] Erlaubnis
aotrou (m) [Mz **-nez**] Herr
aour (m) Gold
aoz·añ vorbereiten
apotikerezh (w) [Mz **-ioù**] Apotheke
arabat (*unveränderl.*) nicht dürfen
a-raok vor (*zeitl.*)
a-raok ma bevor
arc'hant (m) Geld
ar c'hentañ ausgezeichnet
arc'hoazh morgen
armel (w) [Mz **-ioù**] Schrank
arnev (m) [Mz **-ioù**] Gewitter
ar re diejenigen
ar re all die anderen
arz (m) [Mz **-où**] Kunst
arzour (m) [Mz **-ien**] Künstler
asambles zusammen
a-seurt-se solch
askorn (m) Knochen
atant (m, w) [Mz **-où**] Bauernhof
atav immer
a-us da über
Austria (w) Österreich

Austriad (m) [Mz **-ed**] Österreicher
Austriadez (w) [Mz **-ed**] Österreicherin
avat (*oft* **'vat**) doch
avel (m°) [Mz **-ioù**] Wind
a-walc'h genug
a-wechoù manchmal
aze da, dahin
azen (m) [Mz **-ed / ezed**] Esel
azez·añ sich setzen, sitzen

B

babig (m) [Mz **-où**] Baby
bag (w) [Mz **-où / bigi**] Boot, Schiff
bagad (m) [Mz **-où**] Truppe
bale [Vs =] wandern
bandenn-rod (w) [Mz **-où-rod**] Reifen
bank (m) [Mz **-où**] (Sitz-)Bank
banniel (m) [Mz **-où**] Fahne
bara (m) Brot
baraerezh (w) Bäckerei
barr-glav (m) [Mz **-où-glav**] Schauer
beaj (w) [Mz **-où**] Reise
beaj·iñ reisen
bed (m) [Mz **-où**] Welt
beleg (m) [Mz **beleien**] Priester
bemdez täglich
benel weiblich (*Gramm.*)
bennak irgendein
benveg (m) [Mz **binvioù**] Maschine, Instrument
benveg foto (m) Fotoapparat
bep jeder
bep bloaz jährlich
bepred immer
bered (w) [Mz **-ioù**] Friedhof
bern (m) [Mz **-ioù**] Haufen, Menge
berr kurz
betek bis
betek ma bis dass
beure (m) Morgen
bev lebendig
bev·añ leben
bewech jedesmal
bez (m) [Mz **-ioù**] Grab
bez·añ sein
bez·añ a-du (gant) einverstanden sein (mit)
bez·añ a-sav stehen
bez·añ en e goazez sitzen
bez·añ gant (*unpers.*) tragen (*Kleidung*)
bez·añ o chom wohnen
bez·añ ret da (*unpers.*) müssen
bier (m) Bier
bihan klein
biken nie (*in Zukunft*)
bilhed (m) [Mz **-où**] Fahrkarte
bisaj (m, w) [Mz **-où**] Gesicht
biskoazh nie (*in Verg.*)
blaz (m) Geschmack
bleni·añ Auto fahren
bleud (m) Mehl
bleuniann (w) [Mz **-ioù**] Blume
blev (Koll) Haare
bloavezh (m) [Mz **-où**] Jahr (*im Verlauf*)
bloaz (m) [Mz **-ioù**] Jahr
boaz (m) [Mz **-ioù**] Brauch
bod (m) [Mz **-où**] Unterkunft
boest (w) [Mz **-où**] Dose
boest-noz (w) [Mz **-où-noz**] Diskothek
botez (w) [Mz **botoù**] Schuh
boued (m) Essen, Lebensmittel
bount·añ drücken (*Tür*)
bout (*im Gwenedeg*) sein
boutailh (w) [Mz **-où**] Flasche
boutin öffentlich
bouton (m) [Mz **-où**] Knopf

bragoù (m) [Mz **brageier**] Hose
bras groß, wichtig
brav gemütlich, schön
bravig (m) [Mz **-où**] Schmuck
brazez schwanger
brein faul, verdorben
Breizh (m) Bretagne
Breizhad (m) [Mz **Breizhiz**] Bretone
Breizhadez (w) [Mz **-ed**] Bretonin
breizhat bretonisch (*Herkunft*)
breizhek bretonisch (*Kultur*)
bremaik bald
bremañ jetzt
Breton (m) [Mz **-ed**] Bretone
breur (m) [Mz **breudeur**] Bruder
brezhoneg Bretonisch (*Sprache*)
brezhoneger (m) [Mz **-ien**] Bretonisc sprecher
bro (w) [Mz **-ioù**] Land
Bro-Alamagn (w) Deutschland
Bro-C'hall (w) Frankreich
bronn (w) [Zz **divronn**] Busen
Bro-Saoz (w) England
Bro-Suis (w) Schweiz
brozh (w) [Mz **-ioù**] Rock
brudet berühmt
brumenn (w) Nebel
buan schnell
bugel (m) [Mz **bugale**] Kind
buhez (w) Leben
buoc'h (w) [Mz **-ed** / **saout**] Kuh
burev (m) [Mz **-ioù**] Büro
butun (m) Tabak
butun·iñ/·at rauchen

C'h / Ch

chañs (m) [Mz **-où**] Glück
chase·al jagen
cheñch [Vs =] wechseln, ändern
chistr (m) Cidre
c'hoant (m) [Mz **-où**] Lust, Wunsch
c'hoari [Vs =] spielen
c'hoari (m) [Mz **-où**] Spiel
c'hoarvez·out passieren
c'hoarz·in lachen
choaz [Vs =] wählen, aussuchen
c'hoaz (w) [Mz **-ezed**] Schwester
c'hoazh noch
chom [Vs =] bleiben
chom [Vs =] **a-sav** anhalten
chomlec'h (m) [Mz **-ioù**] Adresse
chom [Vs =] **war-lerc'h** übrig sein
c'hwerv bitter
c'hwezh (m, w) Geruch
chupenn (m) Jacke

D

daᴸ nach (örtl.); um (Uhrzeit)
dalc'hmat ständig
dale (m) Verspätung
dall blind
dañjer (m) [Mz **-ioù**] Gefahr
dañjerus gefährlich
dañs·al tanzen
daoust ha(g) **(+ e**ᴹ **/ ec'h*)** ob
darev reif
dastum [Vs =] sammeln
dav nötig, notwendig
debr·iñ essen
dec'h gestern
dedenn (m) Interesse
dedennus interessant
degas [Vs =] bringen
degemer empfangen
degouezh·out (gant) begegnen
dehoù rechts
deizh (m) [Mz **-ioù**] Tag
deizh-ha-bloaz (m) Geburtstag

deiziad (m) [Mz **-où**] Datum
delc'her [Vs **dalc'h-**] halten
delienn (w) [Mz **delioù**] Blatt (Pflanze)
den (m) [Mz **tud**] Mann, Mensch
den ebet niemand
derc'hel [Vs **dalc'h-**] halten
desk·iñ lernen
dev·iñ brennen
devezh (m) [Mz **-ioù**] Tag *(im Verlauf)*
di dorthin *(Ort schon genannt)*
diaes schwierig
dibab [Vs =] wählen, aussuchen
dibenn (m) Ende
dibenn-sizhun (m) Wochenende
didrouz still
dienn (m) Sahne
difenn [Vs =] **(ouzh)** verbieten
digant von ... her
digarez (m) [Mz **-ioù**] Entschuldigung
digeriñ [Vs **digor-**] öffnen
digor offen
digoust kostenlos
dihun·iñ wecken, aufwachen
dihuner (m) [Mz **-ioù**] Wecker
dija schon
dilhad-gwele (Koll) Bettzeug
dilhad (Koll) Kleidung
dimezell (w) [Mz **-ed**] Fräulein
dindan unter
diouzh von ... entfernt
diouzhtu sofort
dirak vor (ört.)
disac'h·añ abschleppen
disglavier (m) [Mz **-où**] Regenschirm
disheñvel anders
disheol (m) Schatten (Sonne)
diskaramzer (m) Herbst
diskenn [Vs =] aussteigen, hinuntergehen
diskouez [Vs =] zeigen
diskouezadeg (w) Ausstellung
diskuizh·añ ausruhen
disoñj·al vergessen
dispart·iañ sich trennen
dispign [Vs =] ausgeben
displeg·añ erklären
displijus unangenehm
distagadur (m) Aussprache
distro zurück *(ohne Bewegung)*
divalav hässlich
diwall [Vs =] **(ouzh)** aufpassen (auf)
diwezhat spät
diwisk·añ sich ausziehen, sich
dizalc'h frei
dizanav fremd, unbekannt
dizimez ledig
doare (m) [Mz **-où**] Weise
don tief
donedigezh (w) [Mz **-ioù**] Ankunft
dont [Vs **deu-**] kommen
dor (w) [Mz **-ioù**] Tür
douar (m) [Mz **-où**] Erde, Land
Doue (m) Gott
dougen [Vs =] tragen
dour (m) Wasser
dous süß
dreᴸ durch
dre-holl überall
dreist ausgezeichnet
dreist-holl besonders
dremm scharf (Messer)
dremm (w) [Mz **-où**] Gesicht
droug (m) [Mz **-où**] Schmerz

E

e / en* in (örtl.)
eM *Verbpartikel*, dass
e-barzh drinnen, hinein
ebet kein
ec'h* *Verbpartikel*, dass
echu aus, vorbei, fertig
echu·iñ aufhören, beenden
ed (Koll) Getreide
eeun gerade, direkt
eget als (*Vergl.*)
ehan (m) [Mz **-où**] Pause, Halt
ehan-labour (m) Urlaub
e-kichen (nahe) bei , neben
e koulz pünktlich
e-lec'h anstelle von
embreg·er üben
enderv (m) Nachmittag
endevout [Vs =] (*im Gwenedeg*) haben
en-dro zurück (*mit Bewegung*)
en emL sich
en em c'houlenn [Vs =] sich fragen
en em chikan·añ sich streiten
en em gav·out (gant) sich treffen (mit)
en em rouz·añ sich sonnen
en em walc'h·iñ sich waschen
enez (w) [Mz **inizi**] Insel
en nec'h oben
eno (*Ort schon genannt*) dort
en traoñ unten
eñvor (w) Erinnerung, Gedächtnis
eñvorenn (w) [Mz **-où**] Andenken (Souvenir)
eontr (m) [Mz **-ed**] Onkel
e-pad während
e poent pünktlich
erc'h (m) Schnee
er gêr zuhause
er-maez draußen
erru·out ankommen
eskern Knochen
estrañjour (m) [Mz **-ien**] Ausländer
estren ausländisch
eta (*oft* **'ta**) also, doch
etre zwischen
etrevroadel international
e-unan allein, selbst
eur (w) [Mz **-iou**] Stunde, Uhr (Uhrzeit)
eured (w) [Mz **-où**] Hochzeit
euriaoueg (w) [Mz **-où**] Fahrplan
eurier (m) [Mz **-où**] Uhr (Zeitmesser)
euro (m) [Mz **-ioù**] Euro
eürus glücklich
eurvezh (w) [Mz **-ioù**] Stunde (*im Verlauf*)
eus (*oft* **deus**) aus, von
evaj (m) [Mz **-où**] Getränk
ev·añ trinken
evel für, wie (*in Vergl.*)
evel-se so
evit ma damit, um zu
ezhomm (m) [Mz **-où**] Bedürfnis

F

fall schlecht
familh (w) [Mz **-où**] Familie (*erweitert*)
faos falsch
farsus lustig
fazi (m) [Mz **-ioù**] Irrtum, Fehler
fazi·añ war e hent sich verirren
fell·out (*unpers.*) wollen
fentus lustig
feurm·iñ mieten
film (m) [Mz **-où**] Film (Kino)
fiñv·al bewegen
follenn (w) [Mz **-où**] Blatt (Papier)
forn (w) [Mz **-ioù** / **fernier**] Ofen
foto (m) [Mz **-ioù**] Foto
fourchetez (w) [Mz **-ioù**] Gabel

frank frei
frankiz (w) Freiheit
frazenn (w) [Mz **-où**] Satz
fresk frisch, kühl
frouezh (Koll) Obst
fur brav

G

gall französisch
Gall (m) [Mz **-aoued**] Franzose
gall·out können (Möglichk.)
galleg (m) Französisch (*Sprache*)
Gallez (w) [Mz **-ed**] Französin
galv (m) [Mz **-où**] Anruf
ganet geboren
gant mit
gaou (m) [Mz **gevier**] Lüge
gelver [Vs **galv-**] rufen
genaouek dumm, doof
genel [Vs **gan-**] geboren werden
geot (Koll) Gras
ger (m) [Mz **-iou**] Wort
geriadur (m) [Mz **-iou**] Wörterbuch
giz (w) [Mz **-iou**] Mode, (Art und) Weise
gizh kozh traditionell
glav (m) Regen
gleb feucht, nass
gloan (m) Wolle
gloaz·añ verletzen
goañv (m) Winter
godell (w) [Mz **-où**] Hosentasche
golo (m) [Mz **-iou** / **goleier**] Bettdecke; Briefumschlag
gortoz [Vs =] warten
goude nach (*zeitl.*), daraufhin
goude arc'hoazh übermorgen
gouel (m) [Mz **-iou**] Feier
gouelan (m) [Mz **goulini**] Möwe
gouel·añ weinen
gouez wild
goulenn [Vs =] bestellen
goulenn [Vs =] **(digant)** fragen, bitten
goulenn (m) [Mz **-où**] Bitte, Frage
goullo leer
gouloù (m) [Mz **gouleier**] Licht
gourel männlich
gourmarc'had (m) [Mz **-où**] Supermarkt
goustad langsam
gouz·out können (*Fähigk.*)
gramm (m) [Mz **-où**] Gramm
gwad (m) Blut
gwad·añ bluten
gwalc'het satt
gwalc'h·iñ waschen
gwall, gwalloc'h schlechter
gwallzarvoud (m) Unfall
gwan schwach
gwastell (w) [Mz **-où** / **gwestilli**] Kuchen
gwaz (m) [Mz **-ed**] Ehemann
gwech (w) Mal
gwech ebet nie (*allg.*)
gwechall einst, früher
gwel·out/·et sehen
gweladenn (w) [Mz **-iou**] Besuch
gweladenn·iñ besuchen
gweladenner (m) [Mz **-ien**] Besucher
gwele (m) [Mz **-où**] Bett
gwell, gwelloc'h besser
gwenodenn (w) [Mz **-où**] Pfad
gwer (Koll) Glas (*Material*)
gwerenn (w) [Mz **-où**] Glas (*Gefäß*)
gwerzh·añ verkaufen
gwerzher (m) [Mz **-ien**] Verkäufer
gwest (da) fähig (zu)
gwetur (w) [Mz **-iou**] Auto
gwezenn (w) [Koll **gwez**] Baum
gwin (m) Wein

gwir wahr
gwirionez (w) Wahrheit
gwisk·añ sich anziehen
gwiskamant (m) [Mz **-où**] Tracht
gwispid (Koll) Gebäck
gwreg (w) [Mz **gwragez**] Ehefrau
gwreg an ti (w) [Mz **gwragez an ti**] Hausfrau
gwregel weiblich

H

ha / hag und
ha / hag (+ e^M / ec'h*) ob
hanter halb
hanterenn (w) [Mz **-où**] Hälfte
hanternoz (m) Mitternacht; Norden
hañv (m) Sommer
harzoù (m Mz) Grenze
hast·añ sich beeilen
hegarat freundlich
hent (m) [Mz **-où / henchoù**] Weg
heñvel (ouzh) ähnlich
heol (m) Sonne
hep ohne
hepdale bald
hepken nur
het·iñ wünschen
hevelep solch
hini kreñv (m) Alkohol
hir lang
hirder (m) Länge
hiriv heute
hiviz (w) [Mz **-où**] Bluse
hiziv heute
-holl (*an Hauptwort gehängt*) ganz
horolaj (m) [Mz **-où**] (Wand-)Uhr
houarn (m) Eisen
houlenn (w) [Koll **houl**] Welle
huch·al schreien

I

iliz (w) [Mz **-où**] Kirche
iliz-veur (w) [Mz **-où-meur**] Kathedrale
iskis fremd (seltsam)
istor (m) [Mz **-ioù**] Geschichte (*Historie*)
itron (w) [Mz **-ezed**] Dame, Frau (Anrede)
ivez auch
izel niedrig

K

kador (w) [Mz **-ioù**] Stuhl
kaer schön
kaier (m) [Mz **-où**] Heft
kaled hart
kalon (w) [Mz **-où**] Herz, Mut
kalz viel
kambr (w) [Mz **-où/-eier**] Zimmer
kambr-gousket (w) Schlafzimmer
kammdro (w) [Mz **-ioù**] Umweg
kan·añ singen
kanaouenn (w) [Mz **-où**] Lied
kaout bekommen, haben
kaout soñj (e / en*) sich erinnern (an)
kaoze-al reden, plaudern
karantez (w) Liebe, Freundschaft
kar·out lieben, mögen
karr (m) [Mz **kirri**] Auto
karrdi (m) [Mz **-où**] Autowerkstatt
karr-nij (m) [Mz **kirri-nij**] Flugzeug
kartenn-bost (w) [Mz **-où-post**] Postkarte
kartenn-henchoù (w) [Mz **-où-henchoù**] Landkarte
kartoñs (m) Karton
kas [Vs =] fahren, führen, schicken
kastell (m) [Mz **-où / kastilli**] Burg
kav (m) [Mz **-ioù**] Höhle
kav·out finden

kazetenn (w) [Mz **-où**] Zeitung
kazh (m) [Mz **kizhier**] Katze
keflusker (m) [Mz **-ioù**] Motor
kegin (w) [Mz **-où**] Küche
kegin·añ kochen (*allg.*)
kelc'h (m) [Mz **-ioù**] Kreis
kelenn [Vs =] lehren
keloù (m) [Mz **keleier**] Nachricht
keltiek keltisch
kement so viel
kemer [Vs =] nehmen
ken (genau)so
ken ... ha so ... wie
-kenañ (*an Hauptwort gehängt*) sehr
kenavo tschüss
kenkoulz so gut
kennebeut auch nicht
kentoc'h eher, vielmehr
ker teuer
kerent (m Mz) Eltern
ket nicht
kêr (w) [Mz **-ioù**] Stadt
kêriadenn (w) [Mz **-où**] Dorf
ki (m) [Mz **chas**] Hund
kibell (w) [Mz **-où**] Badewanne
kibell·añ baden (in Wanne)
kig (m) Fleisch
kiger (m) [Mz **-ien**] Metzger
kigerezh (w) Metzgerei
kilhog (m) [Mz **kilheien**] Hahn
kinnig [Vs =] anbieten, vorschlagen
klañv krank
klañvdi (m) [Mz **-ioù**] Krankenhaus
klañved (m) [Mz **-où**] Krankheit
klask [Vs =] suchen
klask [Vs =] **(ober)** versuchen (zu tun)
kleiz links
klemm [Vs =] sich beschweren
klev·et hören
kloc'h (m) [Mz **kleier**] Glocke
klouar lauwarm
koad (m) [Mz **-où**] Holz; Wald
koan (w) Abendessen
koant hübsch
koaven (m) Sahne
koc'henn (w) [Mz **-où**] Film (Kamera)
koll [Vs =] verlieren
kompren [Vs =] verstehen
komz [Vs =] sprechen
kont·añ erzählen, zählen
kontadenn (w) [Mz **-où**] Geschichte (*Erzählung*)
kontell (w) [Mz **kontilli**] Messer
kontrol (m) Gegenteil
kordenn (w) [Mz **-où**] Seil, Strick
korn (m) [Mz **-ioù**] Ecke
kornaoueg (m) Westen
korn-bro (m) Gegend
kouer (m) [Mz **-ien**] Bauer
kouezh·añ (hin)fallen
koulskoude dennoch
koulz (m) [Mz **-ioù**] Moment
koulz-amser (m) Jahreszeit
koumoul (Koll) Wolken
kouronk·añ baden (im Meer)
kousk·et schlafen
koust·añ kosten
kouviad (m) [Mz **kuvidi**] Gast
kozh alt
kred·iñ glauben
kreg·iñ [Vs **krog-**] beißen
kreg·iñ [Vs **krog-**] **(gant; da**[L]**)** anfangen (mit; zu)
kreion (m) [Mz **-où**] Stift
kreisteiz (m) Mittag; Süden
kreiz (m) Mitte

Wörterliste Bretonisch – Deutsch

kreizenn (w) [Mz **-où**] Zentrum
kreñv stark
kresk·iñ hinaufgehen, wachsen
krez (m) [Mz -iou] Hemd, T-Shirt
krib (w) [Mz **-où**] Kamm
kriz roh
kroc'hen (m) Haut
kudenn (w) [Mz **-où**] Problem
kuit weg
kurun (m, w) Donner
kuzh·at verstecken
kuzh-heol (m) Sonnenuntergang; Westen

L

labour·at arbeiten
labour-douar (m) Landwirtschaft
labous (m) [Mz **-ed**] Vogel
laer (m) [Mz **-on**] Dieb
laer·ezh stehlen
laka·at legen, setzen, stellen
lamm·at springen
lamp (m, w) [Mz **-où**] Lampe
laouen froh, zufrieden
laouena·at sich freuen
lastez (Koll) Müll
lavar·out/·et (*oft* **lâret**) sagen
lazh·añ ausmachen (Licht)
lec'h (m) [Mz **-ioù**] Ort, Stelle
ledan breit
legumaj (Koll) Gemüse
lein (w) Frühstück
lenn [Vs =] lesen
lenn (w) [Mz **-où**] See
lestr (m) [Mz **listri**] Vase, Gefäß; Schiff
lestr-treizh (m) Fähre
leun voll
leuskel [Vs **laosk-**] lassen
levenez (w) Freude
levr (m) [Mz **-ioù**] Buch
lezel [Vs **laosk-**] lassen
lezirek faul, träge
liesliv bunt
liñsel (w) [Mz **-ioù**] Laken
liorzh (m) [Mz **-où**] Garten
lipous schmackhaft
liv (m) [Mz **-ioù**] Farbe
liv·añ malen
lizher (m) [Mz **-où** / **lizhiri**] Brief
lizherenn (w) [Mz **-où**] Buchstabe
loa (w) [Mz **-ioù**] Löffel
loar (w) Mond
lod einige
loen (m) [Mz **-ed**] Tier
loer (w) [Mz **-où**] Socke
logod (Koll) Mäuse
lonk·añ schlucken
lous schmutzig
louzoù (m) [Mz **louzeier**] Medikament
luc'hed (Koll) Blitz
luc'hskeudenn (w) [Mz **-où**] Foto
luc'hskeudenn·iñ fotografieren
lunedoù (m Mz) Brille

M

ma[M] wenn, falls
mab (m) [Mz **mibien**] Sohn
mab-bihan (m) [Mz **mibien-vihan**] Enkel
mad gut
maen (m) [Mz **mein**] Stein
maez (m) [Mz **-ioù**] Land (*nicht Stadt*)
maezad (m) [Mz **-où**] Landschaft
malizenn (w) [Mz **-où**] Koffer
mamm (w) [Mz **-où**] Mutter
mamm-gozh (w) [Mz **mammoù-kozh**] Großmutter
mank·out fehlen

mantell (w) [Mz **mantilli**] Mantel
maouez (w) [Mz **-ed**] Frau
marc'h (m) [Mz **kezeg**] Pferd
marc'had (m) [Mz **-où**] Markt
marc'had-mat billig
marc'hadour (m) [Mz **-ien**] Händler
marc'h-houarn (m) [Mz **-où-houarn, kezeg-houarn**] Fahrrad
marc'h-tan (m) [Mz **-où-tan / kezeg-tan**] Motorrad
marteze vielleicht
martolod (m) [Mz **-ed**] Matrose
marv tot
marv (m) Tod
mat richtig
medisin (m) [Mz **-ed**] Arzt
melezour (m) [Mz **-ioù**] Spiegel
memes sogar
memes tra trotzdem
menez (m) [Mz **-ioù**] Berg
menoz (m) [Mz **-ioù**] Idee, Meinung
ment (w) Größe, Statur
merc'h (w) [Mz **-ed**] Mädchen, Tochter
merc'h-vihan (w) [Mz **-ed-bihan**] Enkelin
mersi danke
mervel [Vs **marv-**] sterben
mesk·añ mischen
met aber
mezeg (m) [Mz **mezeien**] Arzt
mezv betrunken
micher (w) [Mz **-où**] Beruf
micherour (m) [Mz **-ien**] Arbeiter
mignon (m) [Mz **-ed**] Freund
mignonez (w) [Mz **-ed**] Freundin
milin (w) [Mz **-où**] Mühle
mintin (m) Morgen
mir·out behalten, bewahren
mirdi (m) [Mz **-où**] Museum
miz (m) [Mz **-ioù**] Monat
moan winzig
moger (w) [Mz **-ioù**] Mauer
mont [Vs **a-**] fahren, gehen
mont [Vs **a-**] **da bourmen** spazieren gehen
mont [Vs **a-**] **da gousket** schlafen gehen
mont [Vs **a-**] **en e goazez** sich setzen
mont [Vs **a-**] **kuit** abfahren
mont [Vs **a-**] **tu bennak** ausgehen
montr (m) [Mz **-où**] Armbanduhr
monumant (m) [Mz **-où**] Denkmal
mor (m) [Mz **-ioù**] Meer
morzhol (m) [Mz **-ioù**] Hammer
mouchouer (m) [Mz **-où**] Taschentuch
mouezh (w) [Mz **-ioù**] Stimme
mousc'hoarz·in lächeln
mui, muioc'h mehr
munutenn (w) [Mz **-où**] Minute
muzell (w) [Mz **-où**] Lippe
muzik (m) Musik

N

nac'h [Vs =] ablehnen
nadoz (w) [Mz **-ioù**] Nadel
naer (w) [Mz **-ed**] Schlange
naet sauber
naet·añ putzen
naon (m) Hunger
natur (w) Natur
naturel natürlich (*nicht künstlich*)
nebeut wenig

nemet (*oft* **'met**) außer, nach (*Uhrzeit*)
neñv (m) [Mz **-où**] Himmel (*religiös*)
netra nichts
neudenn (w) [Mz **-où**] Faden
neui·al schwimmen
neuze dann
nevez neu
nevezamzer (m) Frühling
nij·al fliegen
niver (m) [Mz **-où**] Zahl
niverenn (w) [Mz **-où**] Nummer
niz (m) [Mz **-ed**] Neffe
nizez (w) [Mz **-ed**] Nichte
noazh nackt
noazus (ouzh) schädlich
norzh (m) Norden
noz (w) [Mz **-ioù**] Nacht

O

oabl (m) [Mz **-où**] Himmel (*physisch*)
oad (m) [Mz **-où**] Alter
ober [Vs **gra-**] machen, tun
ober [Vs **gra-**] **e soñj** sich entscheiden
ober [Vs **gra-**] **war-dro** sich kümmern (um)
ospital (w) [Mz **-ioù**] Krankenhaus
ostaleri (w) [Mz **-où**] Gasthaus, Kneipe
ostiz (m) [Mz **-ien**] Gastgeber
otel [Mz **-où**] Hotel
oto (w) [Mz **-ioù**] Auto
ouzh gegen
ouzh-penn außerdem
ozhac'h (m) [Mz **ezec'h**] Hausherr

P

pa^L als (*zeitl.*), wenn (*zeitl.*)
pad·out dauern
pae·añ zahlen
pagenn (w) [Mz **-où**] Seite (*Buch*)
pakad (m) [Mz **-où**] Gepäck, Paket
pak·añ fangen
panel (w) [Mz **-où**] Schild, Tafel
paner (w) [Mz **-où**] Korb
paotr (m) [Mz **-ed**] Junge
paouez [Vs =] **(da**^L**)** aufhören (zu)
paour arm
paper (m) [Mz **-ioù**] Papier
paper privezioù (m) Toilettenpapier
park (m) [Mz **-où/-eier**] Feld
pasporzh (m) [Mz **-où**] Reisepass
paz (m) [Mz **-ioù**] Schritt
pe^L oder
ped·iñ einladen
pedadenn (w) [Mz **-où**] Einladung
peg·añ (an)kleben
pell weit (entfernt), lange her
pellgomz [Vs =] telefonieren
pellgomzer (m) [Mz **-ioù**] Telefon (*Gerät*)
pemoc'h (m) [Mz **moc'h**] Schwein
pennad (m) [Mz **-où**] Augenblick
peoc'h (m) Frieden, Ruhe
peogwir weil
pep jeder (*Eigensch.*)
pep hini jeder
pep tra alles
perc'henn (m) [Mz **-ed**] Besitzer
permet·iñ erlauben
person (m) [Mz **-où/-ed**] Person
pesk (m) [Mz **-ed**] Fisch
pesketa [Vs =] fischen
pesketaer (m) [Mz **-ien**] Fischer

peulvan (m) [Mz **-où**] Hinkelstein
pezh (m) [Mz **-ioù**] Teil, Stück
pignat (e / en*) einsteigen (in)
pinvidik reich
plac'h (w) [Mz **-ed**] Mädchen
plaen flach, eben
plant (Koll) Pflanzen
pled·iñ (gant / ouzh) sich interessieren (für)
plij·out gefallen
plijadur (w) [Mz **-ioù**] Vergnügen
plijus angenehm, gemütlich
poan (w) [Mz **-ioù**] Schmerz
poazh gekocht, gar
poazh·añ kochen
pobl (w) [Mz **-où**] Volk
poent (m) [Mz **-où**] Punkt, Zeitpunkt
pok (m) [Mz **-où**] Kuss
pok·at (da) küssen
polis (m) Polizei
poliser (m) [Mz **-ien**] Polizist
pomper (m) [Mz **-ien**] Feuerwehrmann
pont (m) [Mz **-où**] Brücke
porzh (m) [Mz **-où**] Hafen; Hof
porzh-houarn (m) Bahnhof
pouez (m) [Mz **-ioù**] Gewicht
pouez·añ wiegen
pouezus wichtig
poull (m) [Mz **-où**] Teich
poultr (Koll) Staub
pounner schwer *(Gewicht)*
pourmenadenn (w) [Mz **-où**] Spaziergang
prad (m) [Mz **-où/-eier**] Wiese, Weide
pred (m) [Mz **-où**] Mahl(zeit)
preder (m) [Mz **-ien**] Gastgeber
pren·añ kaufen
prenestr (m) [Mz **-où**] Fenster
prenn·añ verschließen
prest bereit
prest·añ leihen
preti (m) [Mz **-où**] Restaurant
prevez privat
priedoù (m Mz) Eheleute
privezioù (w Mz) Toilette
priz (m) [Mz **-ioù**] Preis
prizius wertvoll
prof (m) [Mz **-où**] Geschenk
puñs (m) [Mz **-où**] Brunnen

R

rak denn
ral a wech selten
rankout [Vs =] müssen
rannad (w) [Mz **-où**] Portion
rann·añ trennen
rann-yezh (w) [Mz **-où**] Dialekt
razh (w) [Mz **-ed**] Ratte
re[L] zu viel
redek [Vs =] laufen, rennen
reier (w) Felsen
reiñ [Vs **ro-**] geben
reiñ [Vs **ro-**] **aotre (d'ober)** erlauben
reizh normal, richtig
resis genau
respont [Vs =] antworten
respont (m) [Mz **-où**] Antwort
ret nötig, notwendig
reter (m) Osten
reunig (m) [Mz **-ed**] Seehund
riskl (m) [Mz **-où**] Gefahr
roc'h (w) Felsen
roc'hed (m) [Mz **-où**] Hemd (für Herren)
rod (w) [Mz **-où**] Rad
roll-meuzioù (m) Speisekarte
ront rund

ruban speg (Koll) Pflaster

S

sac'h (m) [Mz **seier**] Tasche, Sack
sach·añ ziehen
sac'h-kein (m) [Mz **seier-kein**] Rucksack
sae (w) [Mz **-où**] Kleid
sailh (w) [Mz **-où**] Eimer
sal (w) [Mz **-ioù**] Saal, Zimmer
sal-debriñ (w) Esszimmer
sal-gibellañ (w) Badezimmer
sall salzig
salud·iñ begrüßen
sant·out fühlen
saourus schmackhaft
saoz englisch (*Nationalität*)
saoz (m) [Mz **-on**] Engländer
saozez (w) [Mz **-ed**] Engländerin
saozneg (m) Englisch (*Sprache*)
savete·iñ retten
sav-heol (m) Osten; Sonnenaufgang
se das
sec'h trocken
sec'h·añ trocknen
sec'hed (m) Durst
selaou [Vs =] zuhören, anhören
sell·out/·et (ouzh) ansehen
sen·iñ [Vs **son-**] klingen
sen·iñ [Vs **son-**] **(gant)** spielen (*Instrument*)
sent (m) [Mz **-où**] Cent
serr geschlossen, zu
serr·iñ schließen
servij (m) [Mz **-où**] Bedienung, Service
servij·añ/·out bedienen, servieren
seurt (m) [Mz **-où**] Sorte
sevel [Vs **sav-**] aufstehen, heben, bauen
seven höflich
sigaretenn (w) [Mz **-où**] Zigarette
sikour [Vs =] helfen
sikour (m°) [Mz **-ioù**] Hilfe
sioul still
sioulded (w) Ruhe, Stille
sistr (m) Cidre
siwazh leider
sizailh (w) [Mz **-où**] Schere
sizhun (w) [Mz **-ioù**] Woche
skalier (w) [Mz **-où**] Treppe
skañv leicht (Gewicht)
skedus hell, klar
skeiñ [Vs **sko-**] schlagen, werfen
skeud (m) [Mz **-où**] Schatten (*v. Gegenstand*)
skeudenn (w) [Mz **-où**] Bild
skeul (w) [Mz **-ioù**] Leiter
skingomzer (m) Radio (*Gerät*)
skinweler (m) Fernseher
sklaer hell, klar
skol (w) [Mz **-ioù**] Schule
skol-veur (w) [Mz **-ioù-meur**] Universität
skorn (m) Eis
skouer (m) [Mz **-ioù**] Beispiel
skoulm (m) [Mz **-où**] Knoten
skritell (m, w) [Mz **-où**] Plakat
skriv·añ schreiben
skuizh müde
soavon (m) Seife
sonerezh (m) Musik
soñj (m) [Mz **-où**] Erinnerung, Gedanke
soñj·al denken
sot dumm
souezh (m, w) Erstaunen
souezhus erstaunlich
speredek klug
spi·añ hoffen

spis genau
spiset scharf (*Geschmack*)
spontus schrecklich
sport (m) [Mz **-où**] Sport
stad (w) [Mz **-où**] Zustand
stag·añ (ouzh) befestigen (an)
stal (w) [Mz **-ioù**] Geschäft, Laden
stal-esañs (w) Tankstelle
stal-voued (w) Lebensmittelladen
start fest, kräftig
ster (m) [Mz **-ioù**] Sinn
stêr (w) [Mz **-ioù**] Fluss
stered (Koll) Sterne
straed (w) [Mz **-où**] Straße
strevi-al niesen
strizh eng
strollad (m) [Mz **-où**] Gruppe
studi·añ studieren
studier (m) [Mz **-ien**] Student
su (m) Süden
Suis (w) Schweiz
suis schweizerisch
Suisad (m) [Mz **-ed**] Schweizer
Suisadez (w) [Mz **-ed**] Schweizerin
sukr (m) Zucker
sur sicher

T

tachenn (w) [Mz **-où**] Gelände
tachenn-gampiñ (w) [Mz **-où-kampiñ**] Campingplatz
tad (m) [Mz **-où**] Vater
tad-kozh (m) [Mz **tadoù-kozh**] Großvater
tal (m) Stirn
talvez·out bedeuten, wert sein
talv(ez)·out (da) nutzen (zu)
talvoudus nützlich
tamm (m) [Mz **-où**] Stück
tan (m) Feuer
tanet wund, entzündet
taol (m) [Mz **-ioù**] Schlag; Tisch
taol-vaen (w) [Mz **-ioù-maen**] Dolmen
tap·out fangen
tap·out riv sich erkälten
tas (m) [Mz **-où**] Tasse
tavarn (w) [Mz **-ioù**] Kneipe, Gasthaus
te (m) Tee
telefon (m) [Mz **-où**] Telefon *(Gerät)*
telefon·añ telefonieren
teltenn (w) [Mz **-où**] Zelt
tener zart, zärtlich
tenn·añ ziehen
teñval dunkel, finster
teod (m) [Mz **-où**] Zunge
terriñ [Vs **torr-**] kaputtmachen
teuler [Vs **taol-**] werfen
tev dick
tevel [Vs **tav-**] schweigen
ti (m) [Mz **-ez**] Haus
ti-bank (m) [Mz **-ez-bank**] Bank (*Geld*)
ti-debriñ (m) [Mz **-ez-debriñ**] Restaurant
tiegezh (m) [Mz **-ioù**] Familie (*Hausgemeinsch.*)
ti-gar (m) Bahnhof
ti-kêr (m) Rathaus
timbr (m) [Mz **-où**] Briefmarke
ti-post (m) Post(amt)
titour (w) [Mz **-(i)où**] Auskunft
toenn (w) [Mz **-où**] Dach
tog (m) [Mz **-où**] Hut
tomm warm, heiß
tommder (m) Hitze
tommig lauwarm
torch·añ abtrocknen
torgenn (w) [Mz **-où**] Hügel
torret kaputt
tost fast; nahe
tost da vat ungefähr
toud an alle

toull (m) [Mz **-où**] Loch
tour (m) [Mz **-ioù**] Turm
tourist (m) [Mz **-ed**] Tourist
tour-tan (m) [Mz **-ioù-tan**] Leuchtturm
tra (m°) [Mz **-où**] Sache, Ding
traet (m) [Mz **-où**] Creme *(Kosmetik)*
traezh (m) Sand
traezhenn (w) Strand
traoñienn (w) [Mz **-ioù**] Tal
trawalc'h genug
-tre (*an Hauptwort gehängt*) sehr
tredan (m) Elektrizität, Strom
treiñ [Vs **tro-**] drehen, wenden; übersetzen
tremen [Vs =] vergehen, verbringen
tremen [Vs =] **an noz** übernachten
tren (m) [Mz **-ioù**] Zug
trenk sauer
treut dünn
treuz·iñ überqueren
trist traurig
tro (w) [Mz **-ioù**] Runde
troc'h·añ schneiden
troidigezh (w) [Mz **-ioù**] Übersetzung
trouz (m) Lärm, Streit
trouzus laut
trugareka·at sich bedanken
trugarez danke
tu (m) [Mz **-ioù**] Seite, Richtung
tud (m Mz) Leute

U

uhel hoch
uhelder (m) Höhe
unan bennak jemand
un dra bennak etwas
un tammig ein bisschen
ur re bennak einige
ur wech einmal
ur wech bennak jemals, schon einmal

V

vakañsoù (w Mz) Ferien
vi (m) [Mz **-où**] Ei
vil hässlich

W

war auf
war ar maez auf dem Land
war-dreñv zurück (*mit Bewegung*)
war-dro um ... herum
war droad zu Fuß
war-eeun geradeaus
war-lerc'h darauf(hin)

Y

ya ja
yac'h gesund (gut für Gesundheit)
yaouank jung
yaouankiz (w) Jugend
yaourt (m) Joghurt
yar (w) [Mz **yer**] Huhn
yec'hed Gesundheit
yec'hedus hygienisch
yen kalt, kühl
yezh (w) [Mz **-où**] Sprache
yezhadur (m) [Mz **-ioù**] Grammatik

Z

zoken sogar

Der Autor

Michael Pöschl kam 1977 in der unterfränkischen Vor-Rhön zur Welt. Etwas weiter Richtung Maindreieck studierte er Anglistik und Romanistik an der Universität Würzburg. Seine große Leidenschaft sind allerdings nicht die großen Weltsprachen, sondern die eher unbekannten Sprachen und Dialekte Europas. Eine besondere Liebe verbindet ihn mit den Regional- und Minderheitensprachen. So nutzte er im Jahr 2003 einen Studienaufenthalt in der Bretagne nicht nur dazu, seine Französischkenntnisse zu vertiefen, sondern nahm auch die einmalige Gelegenheit wahr, an Ort und Stelle Bretonisch zu lernen. Begeistert von Land und Leuten, kehrt er seitdem immer wieder gern in die Bretagne zurück.

Karout a rafen trugarekaat toud an dud o deus sikouret ac'hanon da skrivañ al levrig-mañ, dreist-holl Riwanon Kervella evit bezañ adlennet ha reizhet ma frazennoù ha Divi Kervella evit e zisplegadennoù. Trugarez vras deoc'h.